ESCAPE
FROM REASON

프랜시스 쉐퍼 지음
김영재 옮김

이성에서의 도피

생명의말씀사

ESCAPE FROM REASON
by Francis A. Schaeffer

Copyright ⓒ 1968 by Inter-Varsity Press
Originally published in English as *Escape From Reason*
36 Causton Street, London SW1P 4ST, England.
All rights reserved.

This Korean translation edition Copyright ⓒ 1970, 1995, 2006, 2019
by Word of Life Press, Seoul, Republic of Korea.

This Korean edition is translated and used by permission of Inter-Varsity Press
through arrangement of rMaeng2, Seoul, Republic of Korea.

이 한국어판의 저작권은 알맹2 에이전시를 통하여
Inter-Varsity Press와 독점 계약한 생명의말씀사에 있습니다.
신저작권법에 의하여 한국 내에서 보호받는 저작물이므로 무단 전재와 무단 복제를 금합니다.

이성에서의 도피

ⓒ 생명의말씀사 1970, 1995, 2006, 2019

1970년 12월 10일 1판 1쇄 발행
1994년 4월 20일   20쇄 발행
1995년 3월 20일 2판 1쇄 발행
2003년 8월 25일   8쇄 발행
2006년 6월 20일 3판 1쇄 발행
2017년 5월 22일   7쇄 발행
2019년 4월 23일 4판 1쇄 발행
2025년 2월 6일   3쇄 발행

펴낸이 | 김창영
펴낸곳 | 생명의말씀사

등록 | 1962. 1. 10. No.300-1962-1
주소 | 서울시 종로구 경희궁1길 6(03176)
전화 | 02)738-6555(본사) · 02)3159-7979(영업)
팩스 | 02)739-3824(본사) · 080-022-8585(영업)

기획편집 | 태현주, 이은정
디자인 | 조현진
인쇄 | 영진문원
제본 | 보경문화사

ISBN 978-89-04-04058-2 (04230)
ISBN 89-04-18028-7 (세트)

저작권자의 허락없이 이 책의 일부 또는 전체를
무단 복제, 전재, 발췌하면 저작권법에 의해 처벌을 받습니다.

이성에서의 도피
ESCAPE FROM REASON

한국어판에 부치는 글

　동양 사상과 서양 사상의 시각차는 점차 줄어들고 있다. 그 이유를 두 가지로 볼 수 있다.

　첫째, 서양 세계는 점점 탈기독교 시대에 접어들고 있어서 성경적인 기독교인은 서양의 여러 나라에서 이제는 소수를 면치 못하고 있다. 이렇게 되고 보니, 세속주의(世俗主義)가 팽창하고 동시에 비기독교적인 신비주의가 성장하고 있다. 그리고 이 비기독교적인 서양 종교는 점점 범신론적인 성격을 띤다. 이러한 경향은 청소년 층의 히피와 신비주의적인 약물 사용자들, 역사적 기독교를 포기하면서도 전통적인 교회의 주도권을 쥐고 있는 자유주의 신학자들에게서도 볼 수 있다. 동양은 오랫동안 종교적 범신론의 본고장이었음은 말할 것도 없다.

　둘째, 서양에서 시작된 현대 세속주의 사상과 종교 사상은 동양의 여러 나라를 포함한 전 세계의 지성인들과 특히 학생들 사이에 널리 유행되고 있다.

　현대 사상은 온 세계에 신속하게 보급되고 있다. 대학 교육을 통해, 청소년들이 즐겨 듣는 음악을 통해, 어디서나 볼 수 있는 현대 영화를 통해 현대 사상은 급속도로 보급되고 있다.

이러한 두 가지 이유에서, 서양의 현대 세속주의와 종교적 신비주의를 다루는 이 책의 내용은 동양 사람에게도 생소하지 않을 것이다.

『이성에서의 도피』(Escape from Reason)가 추상적인 호기심에서 한국어로 번역된 것은 아닐 것이다. 바라건대 이 한국어판이, 교육받은 젊은이들에게 기독교 진리를 전할 경우 그들의 사고방식을 이해하는 데 도움이 되고, 또한 20세기의 사고방식에 둘러싸여 현대의 윤리 상황 속에 사는 기독교인 자녀들을 이러한 사상에 물들지 않도록 보호할 수 있었으면 한다. 뿐만 아니라 이 번역판을 통해 비기독교인들도 성경에 입각한 기독교가 지성인들의 욕구를 비롯한 일반 사람들의 욕구를 충족시킬 수 있는 올바른 해답을 준다는 사실을 이해하는 데 도움이 되었으면 한다.

프랜시스 쉐퍼

저자 서문

만일 어떤 사람이 상당 기간 외국에서 체류하려 한다면 우선 그 나라의 말을 배울 것이다. 그러나 만일 그 나라 사람들과 의사소통을 잘 하려면 그것만 배워서는 안 된다. 제2의 언어, 즉 대화할 사람들의 사고방식을 배워야 한다. 그래야만 진정으로 대화할 수 있고 의사를 전달할 수 있다. 기독교 교회도 마찬가지다. 교회의 임무는 기독교 신앙의 근본적이고 성경적인 원리를 고수할 뿐 아니라, 이 불변의 진리를 교회가 위치한 세대에 전달하는 것이다.

어느 세대의 기독교인이든지 자신의 시대에 맞는 말로 말하는 법을 배워야 한다. 이 문제는 그 시대가 직면한 변화하는 상황을 이해하지 않고는 해결될 수 없다. 그러므로 기독교 신앙을 효과적으로 전하기 위해서는 우리 세대의 사고방식을 알고 이해해야 한다. 이것은 지역에 따라 다소 다를 수 있고 나라에 따라 현격한 차이가 있을 수도 있다. 그러나 지역과 상관없이 한 시대의 공통적 특징이 있다. 내가 이 책에서 특별히 고찰하려는 것이 바로 이러한 시대적 특징이다.

이 책의 목적은 단순히 지적 호기심을 만족시키려는 데 있지 않다. 논의를 통해 이러한 사상의 움직임을 바로 이해하게 될 때 얻는 유익이 얼마나 큰지 느낄 수 있을 것이다.

현대 사상의 흐름을 분석하면서, 내가 아퀴나스(Thomas Aquinas, 1225-1274)에서부터 시작하는 것을 의아해 할 사람도 있을 것이다. 그러나 나는 역사와 철학을 동시에 논해야 한다고 믿는다. 현대 사상의 흐름을 알려면, 역사적으로 오늘과 같은 상황에 이른 경위를 알아야 하며 또한 철학적 사고방식의 전개에 대해서도 어느 정도 자세하게 고찰해야 한다. 이렇게 함으로써 우리는 변하는 세계에서 불변의 진리를 전하는 방법에 대한 실제적인 지식에 이를 수 있을 것이다.

프랜시스 쉐퍼

역자 서문

이 책의 저자 프랜시스 쉐퍼(Francis A. Schaeffer, 1912-1984) 박사는 미국에서 10여 년 동안 목회 생활을 하다가 1948년 유럽으로 건너가 살면서 주로 학생들을 중심으로 한 젊은 층에 기독교 복음을 전하는 일을 했으며, 미국과 유럽 여러 나라에 강사로 초빙되어 특강도 맡았다. 1955년 3월에 제네바 호수 북쪽 알프스의 산록에 라브리 펠로십(L'Abri Fellowship)을 세우고 그의 독특한 아이디어와 방법으로 복음 사역을 했다.

'피난처, 대피소'를 의미하는 '라브리'(L'Abri)라는 말이 함축하듯이, 이곳은 도시 생활을 잠시 떠나거나 혹은 현대 사상의 온상인 대학의 캠퍼스를 한동안 떠나서 알프스의 대자연을 찾는 학생들과 청년들에게 조용한 안식처를 제공한다. 뿐만 아니라 강의, 세미나, 토론을 통하여 참다운 정신적 안식을 얻고 그리스도의 복음에서 인생의 의미와 목적을 발견하여 심신의 피로를 떨어 버리고 새로운 용기로 생에 임하게 해주는 곳이다.

처음에는 쉐퍼 목사의 가정을 중심으로 시작한 미미한 것이었으나 역자가 1965년 여름에 방문했을 때는 이미 4, 5채의 샬레(chalet)가 있었다.

그리하여 여러 나라에서 온 4, 50명이나 되는 학생들과 청년들이 2, 3일씩 쉬어 가거나 혹은 2, 3개월간 머물면서 공부하는 등 그곳의 생활을 즐기고 있었다. 식사를 마친 후 테이블에 둘러앉아 자유롭게 묻고 대답하고 귀를 기울이는 광경은 플라톤(Platon, B.C. 427경-347경)의 심포지엄을 연상케 했다.

이 책에서 저자는 르네상스 이후 현대에 이르기까지의 문예와 철학 사상을 그의 독특한 논법으로 간명하게 파헤침으로써 현대 사상과 현대인의 고민을 분석하고, 아울러 기독교 신앙이 오늘날 어떤 의미를 가지며 또한 어떤 의미를 가져야 하는지를 설명한다. 기독교인이든 아니든 꼭 한번 읽어 보아야 할 책이며, 또한 많은 유익을 주는 책임을 믿어 의심치 않는다.

김영재

목차

한국어판에 부치는 글　04
저자 서문　06
역자 서문　08
화보 목록　14

제1장　자연과 은총　19

자연과 은총 | 아퀴나스와 자율 | 화가와 저술가 | 은총 대 자연 | 레오나르도 다 빈치와 라파엘로

제2장　자연과 은총의 통일　43

자연과 은총의 통일 | 종교 개혁과 인간 | 인간의 모습 | 종교 개혁과 르네상스와 도덕 | 전인(全人)

제3장 절망선 63

초기의 근대 과학 | 칸트와 루소 | 현대적 근대 과학 | 현대적 근대 도덕 | 헤겔 | 키에르케고르와 절망선

제4장 도약 89

도약 | 세속적 실존주의 | 종교적 실존주의 | 신신학 | 상층부 경험 | 언어 분석과 도약

제5장 상층부로 도약하는 예술   109

상층부로 도약하는 예술 ｜ 시(詩) : 후기의 하이데거 ｜ 예술 : 앙드레 말로 ｜ 피카소 ｜ 번스타인 ｜ 외설 문학(포르노그래피) ｜ 부조리 연극

제6장 신비주의   129

정신 이상 ｜ 영화와 TV에서 보는 상층부 ｜ 상층부의 신비 ｜ 정의되지 않은 표상(表象), 예수

제7장 이성과 신앙　　147

이성과 신앙 | 성경의 독자성(獨自性) | 자신에게서부터 시작했으나 | 필요한 지식의 원천 | 어둠 속에서 도약하는 정신 | 변하는 세계 속에 있는 불변의 것

화보 목록

『예수님의 세례』, 얀 반 에이크 作.

『재상 롤랭의 마돈나』, 얀 반 에이크 作.

산타마리아델카르미네 성당 브란카치 예배당의 왼쪽 벽면 프레스코화.

산타마리아델카르미네 성당 브란카치 예배당의 오른쪽 벽면 프레스코화.

『두 천사와 함께 있는 성모자』, 프라 필리포 리피 作.

『아테네 학당』, 라파엘로 作.

『성체에 관한 논의』, 라파엘로 作.

칼빈의 『기독교 강요』 1536년판 속표지.

칼빈의 『기독교 강요』 1559년 결정판 속표지.

『레오나르도 다 빈치의 죽음』, 장 오귀스트 도미니크 앵그르 作.

『베아트리체와 마주친 단테』, 헨리 홀리데이 作.

기호 논리학의 대가, 앨프레드 로스 화이트헤드.

원자폭탄 개발 계획에 참여했던 이론 물리학자, 로버트 오펜하이머.

프랜시스 베이컨의 『학문의 신기관』 1645년판 속표지.

프랜시스 베이컨의 『학문의 신기관』 1762년판 속표지.

『프랜시스 베이컨』, 파울루스 반 소머 作.

『장-자크 루소』, 앨런 램지 作.
'사디즘'이라는 용어를 낳은 프랑스의 작가이자 사상가, 사드 후작.
『철학자 게오르크 빌헬름 프리드리히 헤겔』, 야코프 슐레징어 作.
무신론적 실존주의를 제창한 프랑스의 실존주의 철학자, 장-폴 사르트르.
독일 실존 철학의 대표자, 카를 야스퍼스.
실존주의적 존재론을 전개한 독일의 철학자, 마르틴 하이데거.
'행동하는 지식인'으로 불린 프랑스의 작가이자 정치가, 앙드레 말로.
피카소의 첫 번째 부인, 올가 코클로바.
『안락의자에 앉은 올가』, 파블로 피카소 作.
1963년에 발매된 『교향곡 3번, 카디시』의 커버.
레너드 번스타인, 1964년 『교향곡 3번, 카디시』 미국 초연 사진.
『침묵』 촬영장에서 아역 배우 요르겐 린드스트룀과 한때를 보내는 잉마르 베리만 감독.
1963년 영화 『침묵』의 스웨덴 첫 상영일 풍경.
'불가지론'이라는 말을 만들어 낸 영국의 생물학자, 토머스 헨리 헉슬리.
『정의는 백성을 영화롭게 한다』, 폴 로버트 作.
『사도 바울의 회심』, 바르톨로메 에스테반 무리요 作.

이성에서의 도피
ESCAPE FROM REASON

토마스 아퀴나스 이전에는 아득히 먼 곳에 있는 지극히 거룩한 하늘의 것들을 강조했으며, 자연 그 자체에는 관심을 두지 않았다. 아퀴나스가 등장함에 따라 진정한 르네상스의 인본주의적 요소들이 비로소 탄생하게 되었다. 아퀴나스의 자연과 은총에 대한 견해에는 이 양자 간의 완전한 불연속이 없다. 왜냐하면 그는 양자 간의 통일 개념을 가지고 있었기 때문이다. 그리고 르네상스 사상의 탄생으로 말미암아 자연이 더 적절한 평가를 받게 되었다. 자연을 보다 낫게 평가함으로써 좋은 결과가 나타났는가 하면, 그 반면에 파괴적인 결과도 초래되었다. 아퀴나스의 견해에 의하면 인간의 의지는 타락하였으나 지성은 타락하지 않았다. 성경이 말하는 타락에 대한 이 불완전한 견해로 말미암아 갖가지 어려운 문제들이 꼬리를 물고 일어나게 되었다. 인간의 지성이 자율적인 것이 되었다.

제1장

자연과 은총

자연과 은총

현대인의 기원은 몇몇 시기로 추적할 수 있다. 그러나 나는 세계를 실제로 변화시킨 한 사람의 사상에서부터 논의를 시작하려고 한다. 토마스 아퀴나스(Thomas Aquinas, 1225-1274)[1]가 흔히 '자연과 은총'으로 불리는 것을 처음 논의하기 시작한 사람이다.

자연과 은총은 다음과 같이 도식화할 수 있다.

은총
―――
자연

---

[1] 편집자 주. 본문에서 거론되는 인물들의 생몰 연도는 한국어 번역본 제4판 출간일(2019년 4월 23일)을 기준으로 기재하였다. 쉐퍼가 『이성에서의 도피』를 출간한 1968년 당시에는 상당수의 인물이 생존해 있었으나 세월의 흐름을 고려하여 보다 명확한 이해를 돕고자 최신 개정판 출간일 기준으로 정리하였음을 밝힌다.

두 가지 차원에 무엇이 포함되어 있는지를 보여 주기 위해 이 도식을 다음과 같이 확대할 수 있다.

은총, 상층부 창조주 하나님, 하늘과 하늘에 속한 것들, 보이지 않는 것과 이것이 이 땅에 미치는 영향, 인간의 영혼, 통일성

자연, 하층부 피조물, 땅과 땅에 속한 것들, 보이는 것과 자연과 인간이 이 땅에서 하는 일, 인간의 육체, 다양성

아퀴나스의 시대까지 인간의 사고방식은 비잔틴적이었다. 하늘에 속한 것들이 너무나 중요하고 거룩하기 때문에 사람들은 이러한 것들을 사실적으로 묘사하지 못했다.

예를 들면 마리아와 그리스도를 사실적으로 그리지 않고 다만 상징적

으로 그렸다. 피렌체의 산조반니 세례당에 있는 후기 비잔틴 시대의 모자이크를 보면 마리아의 그림이 아니라 마리아를 나타내는 상징임을 알 수 있다.

또한 미술가들은 단순한 자연, 즉 나무나 산 같은 것에는 아무 관심도 없었다. 자연은 단지 그들이 사는 세계의 한 부분에 지나지 않았다. 가령 그 당시에는 등산을 위한 등산이란 있을 수 없었다. 앞으로 논하겠지만 등산을 위한 등산은 실로 자연에 대한 새로운 관심과 함께 출발한 것이다.

즉 토마스 아퀴나스 이전에는 아득히 먼 곳에 있는 지극히 거룩한 하늘의 것들을 크게 강조했으며, 또 이것을 묘사할 때는 상징을 사용했고, 자연 그 자체에는 거의 관심을 두지 않았다. 아퀴나스가 등장함에 따라 진정한 르네상스의 인본주의적 요소들이 비로소 탄생하게 되었다.

아퀴나스의 자연과 은총에 대한 견해에는 이 양자 간의 완전한 불연속이 없다. 왜냐하면 그는 양자 간의 통일 개념을 가지고 있었기 때문이다. 아퀴나스 시대 이후 오랜 세월 동안 자연과 은총의 통일을 위한 끊임없는 논란이 있었으며, 합리성이 이 양자에 대한 어떤 설명을 해주리라는 희망이 있었다.

르네상스 사상의 탄생으로 말미암아 몇 가지 아주 좋은 결과를 얻게 되었는데, 특히 자연이 더 적절한 평가를 받게 되었다. 성경의 관점에서 볼 때, 자연은 하나님이 창조하셨기 때문에 중요하며 경시될 수 없다.

육에 속한 것들을 영혼과 비교하여 경시해서는 안 된다. 미적인 것들도 중요하며, 성적인 것도 그 자체는 결코 악이 아니다. 이 모든 것들은 본질상 하나님이 우리에게 좋은 선물로 주신 것이므로, 이러한 것들을 경시하는 것은 실로 하나님의 창조를 경멸하는 것이 된다. 이와 같이 하나님이 만드신 것을 경멸하는 것은, 어떤 의미에서 하나님을 무시하는 것이다.[2]

아퀴나스와 자율

따라서 이제 우리는 자연과 은총을 표현한 도식의 의미를 다른 각도에서 이해할 수 있게 되었다.

자연을 보다 낮게 평가함으로써 좋은 결과가 나타났는가 하면, 그 반면에 많은 파괴적인 결과도 초래되었다. 아퀴나스의 견해에 의하면 인간의 의지(will)는 타락하였으나 지성(mind)은 타락하지 않았다. 성경이 말하는 타락에 대한 이 불완전한 견해로 말미암아 갖가지 어려운 문제들이 꼬리를 물고 일어나게 되었다.

인간의 지성이 자율적인 것이 되었다. 인간은 이제 이 한 영역에서만

---

[2] **편집자 주.** 쉐퍼는 그의 책 『환경 오염과 인간의 죽음』(Pollution and the Death of Man)에서 자연에 대한 성경적 견해를 자세히 다루었다. 프란시스 쉐퍼, 쉐퍼 전집 제5권 『기독교 사회관』, 제1권 『환경 오염과 인간의 죽음』(서울 : 생명의말씀사, 1995).

은 독립적이고 자율적이었다.

아퀴나스의 자율 개념은 여러 가지 형태로 나타난다. 하나의 결과를 예로 들면 자연 신학의 발달이다. 이 자율 사상하에서 자연 신학은 성경과는 관계없이 독립적으로 추구될 수 있는 하나의 신학이 되었다. 비록 자연 신학이 자율적인 것이기는 하지만, 아퀴나스는 통일을 바랐으므로 자연 신학과 성경 사이에는 상호 관계가 있다고 말하였다. 그러나 유의해야 할 점은 결국 하나의 참으로 자율적인 영역이 설정되었다는 사실이다.

이 자율의 원리를 근거로 철학도 역시 자유를 얻어 계시로부터 분리되게 되었다. 그리하여 철학은 날개를 단 격이 되어 성경과는 관계없이 어디든지 가고 싶은 대로 날아가기 시작하였다. 그렇다고 해서 이전에는 이러한 경향이 전혀 없었다는 말이 아니다. 이 시대 이후 철학에는 이러한 경향이 아주 농후하게 되었다는 것이다.

자율 사상은 토마스 아퀴나스의 철학적 신학에만 머물지 않았다. 그것은 미술에도 곧 침투해 들어갔다.

철학과 미술, 이 두 부문의 자연적인 교류를 이해하지 못한다는 점에서 오늘날 우리의 교육 과정에 약점이 있음을 지적하지 않을 수 없다. 현재 우리는 모든 학문 분야를 서로 관련이 없는 평행선상에 두고 연구하는 경향이 있다. 이러한 경향은 기독교 교육에서나 일반 교육에서나 마찬가지이다.

이것이 바로 복음적인 기독교인들이 이 세대의 격랑에 기습을 당하는 이유 중 하나이다. 우리는 성경 해석은 성경 해석으로, 신학은 신학으로, 철학은 철학으로만 배웠고, 미술에 관한 것이면 미술로, 음악이면 그저 음악으로 공부할 뿐, 이러한 것들이 인간에게 속한 것이며 인간에게 속한 것들은 서로 아무런 관계없는 평행선상에 있는 것이 아니라는 것을 이해하지 못한다.

신학, 철학, 예술의 이러한 관계는 아퀴나스 이후로 여러 가지로 나타나게 된다.

화가와 저술가

자율 사상에 영향을 받은 최초의 화가는 조토 디 본도네(Giotto di Bondone, 1267경-1337)의 스승 치마부에(Cimabue, 1240-1302)였다. 아퀴나스가 1225년에서 1274년까지 살았으니 미술 분야에서는 그의 영향을 상당히 빨리 받은 셈이다. 미술의 모든 주제를 비잔틴의 상징적 양식으로 자연과 은총의 분계선 위에 두는 대신, 치마부에와 조토는 자연의 사물을 자연 그대로 그리기 시작했다.

그러나 이러한 과도기의 변화는 단번에 일어나지 않았다. 그래서 처음에는 사소한 사물은 사실적으로 그렸으나, 마리아 같은 경우는 여전히 상징적으로 그리는 경향이 있었다.

그 후 단테(Dante Alighieri, 1265-1321)가 이 화가들이 그림을 그리는 것과 같은 방식으로 글을 쓰기 시작했다. 이와 같이 자연을 중요시하기 시작하자 모든 것이 갑자기 이를 근거로 움직이기 시작했다. 페트라르카(Francesco Petrarca, 1304-1374)나 보카치오(Giovanni Boccaccio, 1313-1375) 같은 작가에게서도 이와 비슷한 발전이 나타났다. 페트라르카는 등산을 위한 등산을 처음으로 한 사람이라고 전해진다.

전술한 바와 같이, 하나님이 만드신 그대로의 자연에 대한 관심은 좋은 것이고 당연한 것이다. 그러나 아퀴나스가 자율적인 인본주의와 자율적인 철학으로 가는 길을 터놓았으므로 이러한 운동이 힘을 얻어 곧 홍수가 터지듯 파급되었다.

은총 대 자연

우리가 간과해서는 안 될 중요한 원리는 자연이 자율을 얻자 곧 은총을 잠식하기 시작했다는 사실이다. 단테의 시대로부터 레오나르도 다 빈치(Leonardo da Vinci, 1452-1519) 시대에 이르기까지 르네상스를 통틀어, 자연은 점차 완전한 자율을 갖게 되었다. 인본주의 철학자들이 더욱 자유롭게 사고하기 시작함에 따라 자연은 하나님에게서 벗어났다. 그리하여 르네상스가 절정에 달할 즈음에는 자연이 은총을 몽땅 삼켜 버리고 말았다.

이 사실은 여러 가지로 실증될 수 있다. 『로앙의 시도서(時禱書)』(Les Grandes Heures de Rohan)라는 제목으로 1415년경에 제작된 채색 수사본(手寫本)에서부터 설명을 시작할까 한다.

이 그림은 그 당시의 한 기적을 묘사한다. 마리아와 요셉이 아기 예수를 데리고 이집트로 피난 갈 때 마침 어떤 사람이 씨를 뿌리고 있는 들을 지나가게 되었는데 바로 그곳에서 기적이 일어났다는 것이다. 한 시간이 채 되기도 전에 곡식이 자라고 열매가 맺혀 추수를 하게 된 것이었다. 농부가 추수를 하려고 할 때 뒤쫓던 병사들이 와서 물었다. "그들이 여기를 지나간 지가 얼마나 되었나?" 농부가 자기가 씨를 뿌릴 때 지나갔다고 말하자 병사들이 되돌아갔다는 이야기다.

여기서 무엇보다 흥미로운 것은 기적 이야기의 줄거리가 아니라 이 채색 세밀화의 구도법이다.

첫째, 마리아와 요셉, 아기 예수, 종, 나귀가 유달리 크게 화면의 맨 위에 그려져 있어서 온 화면을 지배하는 듯이 보이고, 아래쪽에는 낫질을 하는 사람과 병사의 모습이 아주 작게 그려져 있다. 둘째, 위쪽에 그려진 인물들의 크기에서도 그러하거니와 위쪽의 배경이 금빛 선으로 덮인 것을 보아서도 이 그림이 무엇을 의미하는지가 명백하다. 말하자면 자연과 은총을 그림으로 표현한 것이다.

이 그림은 은총이 훨씬 중요하고 자연은 별로 중요하지 않다는 종래의 개념에서 그린 그림이다.

『예수님의 세례』, 얀 반 에이크 作. "북유럽의 반 에이크는 새로운 방식으로 자연에 대한 문호를 연 사람이다. 그는 자연을 사실적으로 그리기 시작했다. 1410년, 그는 아주 작은 그림 하나를 그렸다. 그 크기는 기껏해야 5×3인치에 지나지 않았다. 그러나 이 그림은 대단히 중요한 그림이다. 왜냐하면 사실적으로 풍경을 그린 최초의 그림이기 때문이다. 이 그림은 그 후 르네상스에 나타난 모든 경향의 바탕을 이루었다. 이 그림의 주제는 예수님의 세례였지만 그것은 화면의 일부를 차지할 뿐이었다. 그림의 배경에는 강이 흐르고, 실감나는 성과 집들과 언덕 등이 보인다. 실제 풍경인 것이다. 즉 자연이 중요시되었다. 이와 같은 풍경화는 유럽 북부에서 남부로 신속하게 퍼져 나갔다."

북유럽의 반 에이크(Jan van Eyck, 1390경-1441)는 새로운 방식으로 자연에 대한 문호를 연 사람이다. 그는 자연을 사실적으로 그리기 시작했다. 1410년은 미술사상 중요한 해로 그때 그는 아주 작은 그림 하나를 그렸다. 그 크기는 기껏해야 5×3인치에 지나지 않았다. 그러나 이 그림은 대단히 중요한 그림이다. 왜냐하면 사실적으로 풍경을 그린 최초의 그림이기 때문이다. 이 그림은 그 후 르네상스에 나타난 모든 경향의 바탕을 이

루었다. 이 그림의 주제는 예수님의 세례였지만 그것은 화면의 일부를 차지할 뿐이었다. 그림의 배경에는 강이 흐르고, 실감나는 성과 집들과 언덕 등이 보인다. 실제 풍경인 것이다. 즉 자연이 중요시되었다. 이와 같은 풍경화는 유럽 북부에서 남부로 신속하게 퍼져 나갔다.

이 다음 단계로 1435년경에 반 에이크는 『재상 롤랭의 마돈나』(Madonna of Chancellor Rolin)를 그렸다. 이 그림은 현재 파리 루브르 박물관에 소장

되어 있다. 이 그림에는 마리아를 마주보고 있는 재상 롤랭(Nicolas Rolin, 1376-1462)의 모습이 마리아의 모습과 같은 크기로 그려져 있다. 중요한 것은 바로 이 점이다. 마리아가 이제는 더 이상 아득히 먼 곳에 속한 존재처럼 그려지지 않는다. 롤랭의 모습이 이전 시대에 늘 그랬던 것처럼 작게 그려지지도 않았다. 비록 롤랭이 기도하는 자세로 손을 모으고 있으나 마리아와 대등하게 그려져 있다. 이때부터 어떻게 자연과 은총 사이의 균형을 바로잡을 것인가 하는 문제가 대두되었다.

또 다른 한 사람, 마사초(Masaccio, 1401-1428)를 언급하지 않을 수 없다. 마사초는 1337년에 죽은 조토를 이어 사실적인 원근법과 공간 처리법을 도입함으로써 이탈리아 미술사에서 또 하나의 거보를 내디뎠다. 화면상 빛이 바른 방향으로 비치는 것은 그의 그림에서 처음 보는 것이었다. 예를 들면 그는 피렌체의 산타마리아델카르미네 성당 브란카치 예배당 안에 벽화를 그리면서 그림의 명암이 창문으로 비쳐 들어오는 광선에 맞도록 늘 창문을 고려했다.

마사초는 자연을 사실적으로 그렸다. 그는 자기의 그림이 마치 실제의 공간을 차지하고 있는 것처럼 보이게 그려서, 생생한 실제 분위기를 느끼게 했다. 그는 사실적인 구도법을 도입했다. 그는 27세까지밖에 살지 못했으나 자연을 대담하게 묘사하는 길을 열어 놓았다. 반 에이크의 많은 작품에서와 마찬가지로 마사초의 작품에서도 자연이 아주 강조되고 있는데, 이러한 수법은 성경의 견해와 부합한다고 할 수 있다.

『재상 롤랭의 마돈나』, 얀 반 에이크 作. "1435년경에 반 에이크는 『재상 롤랭의 마돈나』를 그렸다. 이 그림은 현재 파리 루브르 박물관에 소장되어 있다. 이 그림에는 마리아를 마주보고 있는 재상 롤랭의 모습이 마리아의 모습과 같은 크기로 그려져 있다. 중요한 것은 바로 이 점이다. 마리아가 이제는 더 이상 아득히 먼 곳에 속한 존재처럼 그려지지 않는다. 롤랭의 모습이 이전 시대에 늘 그랬던 것처럼 작게 그려지지도 않았다. 비록 롤랭이 기도하는 자세로 손을 모으고 있으나 마리아와 대등하게 그려져 있디. 이때부터 어떻게 자연과 은총 사이의 균형을 바로잡을 것인가 하는 문제가 대두되었다."

산타마리아델카르미네 성당 브란카치 예배당의 왼쪽 벽면 프레스코화(좌측)와 오른쪽 벽면 프레스코화(우측). "마사초는 사실적인 원근법과 공간 처리법을 도입함으로써 이탈리아 미술사에서 또 하나의 거보를 내디뎠다. 화면상 빛이 바른 방향으로 비치는 것은 그의 그림에서 처음 보는 것이었다. 그는 피렌체의 산타마리아델카르미네 성당 브란카치 예배당 안에 벽화를 그리면서 그림의 명암이 창문으로 비쳐 들어오는 광선에 맞도록 늘 창문을 고려했다. 그는 자기의 그림이 마치 실제의 공간을 차지하고 있는 것처럼 보이게 그려서, 생생한 실제 분위기를 느끼게 했다."

제1장 자연과 은총

프라 필리포 리피(Fra Filippo Lippi, 1406-1469) 때에 와서는, 반 에이크의 『재상 롤랭의 마돈나』에서보다 더 현저하게 자연이 은총을 잠식하기 시작하는 것을 명백히 볼 수 있다. 불과 몇 년 전만 해도 화가들이 마리아를 사실적으로 그린다는 것은 상상도 못했던 일이었다. 그들은 마리아를 상징으로만 그릴 뿐이었다.

그러나 1465년에 프라 필리포 리피가 그린 마돈나에는 괄목할 만한 변화가 있었다. 그는 반 에이크의 작품에서 영향을 받은 것이 분명한 풍경을 배경으로 아기를 품에 안고 있는 아주 아름다운 처녀를 그렸다. 이 마돈나는 종래와 같이 현실과 동떨어진 상징이 아니라, 아기를 안고 있는 예쁜 여인이었다.

이 그림에 대하여 더 알아야 할 사실이 있다. 그가 마리아로 그린 여인은 바로 그의 부인이었다는 사실이다. 피렌체의 온 시민이 이 그림의 모델이 그의 부인이라는 사실을 알았다. 몇 해 전만 해도 이런 일은 감히 아무도 하지 못했다. 이제 자연이 은총을 죽이고 있었다.

프랑스에서는 푸케(Jean Fouquet, 1416경-1480)가 1450년경 왕의 정부 아녜스 소렐(Agnès Sorel, 1422-1450)을 마리아로 그렸다. 궁정에 드나드는 사람으로서 그 그림을 본 이는 누구나 그 그림의 주인공이 현재 왕의 정부라는 것을 알 수 있었다. 푸케는 그녀의 한쪽 가슴을 노출시켜 그렸다. 이전에는 아기 예수를 젖 먹이는 마리아를 그렸었는데, 이제는 한쪽 가슴을 드러낸 왕의 정부를 그리게 되었으니 은총이 죽은 것이다.

『두 천사와 함께 있는 성모자』, 프라 필리포 리피 作. "프라 필리포 리피 때에 와서는 더 현저하게 자연이 은총을 잠식하기 시작하는 것을 볼 수 있다. 불과 몇 년 전만 해도 화가들이 마리아를 사실적으로 그린다는 것은 상상도 못했던 일이었다. 그들은 마리아를 상징으로만 그릴 뿐이었다. 그러나 1465년에 프라 필리포 리피가 그린 마돈나에는 괄목할 만한 변화가 있었다. 이 마돈나는 종래와 같이 현실과 동떨어진 상징이 아니라, 아기를 안고 있는 예쁜 여인이었다. 더구나 프라 필리포 리피가 마리아로 그린 여인의 모델은 바로 그의 부인이었다. 피렌체의 온 시민이 이 그림의 모델이 그의 부인이라는 사실을 알았다. 몇 해 전만 해도 이런 일은 감히 아무도 하지 못했다."

제1장 자연과 은총

우리가 특히 유의해야 할 것은 자연이 자율화되자 곧 파괴적으로 되었다는 사실이다. 자율적인 영역이 허용되자마자 하층부가 상층부를 잠식하기 시작했다. '상층부'(upper storey)와 '하층부'(lower storey)에 대해서는 앞으로 논할 것이다.

레오나르도 다 빈치와 라파엘로

이제 레오나르도 다 빈치(Leonardo da Vinci, 1452-1519)를 검토해 보려고 한다. 그는 역사에 하나의 새로운 요소를 도입했으며, 그 이전의 누구보다 현대인에 가깝다. 그가 산 시기는 르네상스에서 종교 개혁으로 넘어가는 때였기 때문에 중요하다. 그는 또한 철학적 사고방식을 바꾸는 데 중요한 역할을 했다.

피렌체의 코시모 데 메디치(Cosimo de' Medici, 1389-1464)는 플라톤 철학의 중요성을 처음으로 인식한 사람이었다. 토마스 아퀴나스(Thomas Aquinas, 1225-1274)가 아리스토텔레스(Aristoteles, B.C. 384-322)의 사고방식을 도입했다면 코시모 데 메디치는 신(新)플라톤주의를 옹호하기 시작했다고 볼 수 있다. 피치노(Marsilio Ficino, 1433-1499)는 신플라톤주의의 거물로서 로렌초 데 메디치(Lorenzo de' Medici, 1449-1492)를 가르쳤다.

레오나르도 다 빈치가 살던 시대는 이미 신플라톤주의가 피렌체에서 지배적인 세력을 가진 때였다. 상층부에 무엇인가를 줄 수 있는 길을 모색하는 것이 필요하다는 단순한 이유 때문에 신플라톤주의가 지배적인 사상이 되었던 것이다. 사람들은 이념과 이상을, 다시 말하면 보편자를 회복하기 위해 신플라톤주의를 도입했다.

은총 – 보편자
―――――――
자연 – 개별자

여기서 보편자는 모든 개별자에게 의미와 통일성을 주는 것을 말하며 개별자는 모든 개체 사물들을 말한다.

이것을 설명하는 그림이 라파엘로(Raffaello Sanzio, 1483-1520)의 『아테네 학당』(The School of Athens)이다. 이 그림이 있는 바티칸 궁전의 어느 방 한 쪽 벽에는 로마 가톨릭 교회를 상징하는 벽화가 있다. 이 역시 라파엘로의 작품이다. 이 벽화가 바로 맞은편 벽에 있는 고전적인 이교 사상을 대변하는 『아테네 학당』과 균형을 이루고 있다.

『아테네 학당』에서 라파엘로는 아리스토텔레스 사상과 플라톤 사상의 차이를 묘사한다. 아리스토텔레스(Aristoteles, B.C. 384-322)와 플라톤(Platon, B.C. 427경-347경)이 그림의 중앙에 서 있는데, 아리스토텔레스는 그의 손을 펴서 아래쪽으로 향하게 하고 있는 반면에 플라톤은 한 손가락으로 위를 가리키고 있다. 이는 아리스토텔레스는 개별자를, 플라톤은 이념,

「아테네 학당」, 라파엘로 作(좌측). 「성체에 관한 논의」, 라파엘로 作(우측). 라파엘로는 바티칸 궁전에 있는 '서명의 방' 사면에 각각 철학, 신학, 법, 예술을 주제로 한 프레스코화를 그렸는데, 그중 철학을 주제로 한 「아테네 학당」과 신학을 주제로 한 「성체에 관한 논의」는 서로 마주보는 위치에 있다.

"사람들은 이념과 이상을, 다시 말하면 보편자를 회복하기 위해 신플라톤주의를 도입했다. 이것을 설명하는 그림이 라파엘로의 「아테네 학당」이다. 이 그림이 있는 바티칸 궁전의 어느 방 한쪽 벽에는 로마 가톨릭 교회를 상징하는 벽화가 있다. 이 역시 라파엘로의 작품이다. 이 벽화가 바로 맞은

편 벽에 있는 고전적인 이교 사상을 대변하는 『아테네 학당』과 균형을 이루고 있다. 『아테네 학당』에서 라파엘로는 아리스토텔레스 사상과 플라톤 사상의 차이를 묘사한다. 아리스토텔레스와 플라톤이 그림의 중앙에 서 있는데, 아리스토텔레스는 그의 손을 펴서 아래쪽으로 향하게 하고 있는 반면에 플라톤은 한 손가락으로 위를 가리키고 있다. 이는 아리스토텔레스는 개별자를, 플라톤은 이념, 이상, 보편자를 강조했음을 나타낸다."

제1장 자연과 은총 39

이상, 보편자를 강조했음을 나타낸다.

이 문제를 달리 표현하면, '다양성을 허용할 경우 어디서 통일성을 발견할 것인가? 개별자를 풀어 주면 어떻게 그것을 다시 모을 수 있겠는가?' 하는 문제이다.

레오나르도는 이 문제와 씨름했다. 그는 많은 사람들이 일컫는 바와 같이(나도 역시 그렇게 생각한다) 신플라톤주의 화가요 현대 수학의 시조이다. 만일 자율적인 합리성에서 시작한다면 결국은 수학(측량할 수 있는 것)으로 귀착하게 되며, 수학은 개별자만을 다루고 보편자는 다루지 못한다는 것을 그는 알고 있었다. 결국 기계론을 벗어나지 못한다. 그러나 통일의 필요성을 아는 사람에게는 이것이 있을 수 없는 일임을 그는 이해했다. 그리하여 그는 영혼을 그리려고 노력하였다. 이 영혼은 기독교의 영혼이 아니었다. 이 영혼은 보편자, 즉 바다나 나무의 영혼 같은 것이다.

영혼 – 통일성

수학 – 개별자 – 기계론

그가 회화 작품을 많이 남기지 못한 이유 중의 하나는 보편자를 나타내기 위해 그림을 그리려고 노력했기 때문이다. 그가 이에 성공하지 못한 것은 말할 필요도 없다.

근래에 작고하기까지 이탈리아의 위대한 철학자 중의 한 사람으로 손꼽히던 현대 작가 조반니 젠틸레(Giovanni Gentile, 1875-1944)는 레오나르도가 개별자와 보편자를 한데 묶는 합리적인 통일에 대한 희망을 실현할 수 없었으므로 낙심한 가운데 임종을 맞이했다고 말했다.[3] 이러한 낙심을 피하려고 했다면 레오나르도는 아주 딴 사람이 되어야 했으며, 상층부와 하층부의 통일에 대한 희망을 포기했어야만 했다. 그러나 그는 현대인이 아니었기 때문에 통일된 지식의 영역에 대한 희망을 포기하지 않았다. 다시 말하면 그는 지성인으로서 희망을 포기할 수 없었다. 과거에는 통일된 지식의 영역을 고집하는 것이 지성인의 특징이었다.

---

3 *Leonardo da Vinci* (New York : Reynal & Company, 1963), pp. 163-174.

종교 개혁이 우리에게 가르치는 것은 하나님이 상층부와 하층부에 관하여 성경을 통해 말씀하고 계신다는 것이다. 하나님은 자신, 즉 하늘에 속한 것에 대한 진리를 계시로 말씀하시고, 자연, 즉 우주와 인간에 관한 참된 사실도 계시로 말씀하신다. 그러므로 종교 개혁 시대의 사람들은 지식의 참된 통일을 이룩하였다. 그들에게는 르네상스에서 다루던 자연과 은총의 문제가 없었다. 그들은 참된 통일성을 갖고 있었다. 그것은 그들이 똑똑했기 때문이 아니라 그들이 상하층의 양 영역에 하나님이 계시하신 것에 근거한 통일성을 갖고 있었기 때문이다. 이처럼 르네상스에서 현대인이 탄생하던 바로 그때에 종교 개혁은 현대인의 딜레마에 대하여 해답을 제시했다. 이와 대조적으로 르네상스적 이원론은 현대적 유형의 인본주의를 낳았으나 그와 함께 현대인에게 슬픔을 안겨 주었다.

제2장

자연과 은총의 통일

자연과 은총의 통일

여기서 우선 역사적인 관계를 살펴보는 것이 중요하다. 칼빈(John Calvin, 1509-1564)은 1509년에 출생했으며, 1536년에 『기독교 강요』(Institutes of the Christian Religion)를 내놓았다. 레오나르도 다 빈치(Leonardo da Vinci, 1452-1519)가 죽은 1519년은 루터(Martin Luther, 1483-1546)와 에크(Johann Eck, 1486-1543) 박사가 라이프치히에서 논쟁을 벌였던 해이기도 하다.

레오나르도는 만년에 프랑스 왕 프랑수아 1세(François I, 1494-1547)의 초청으로 프랑스에 정착했는데, 바로 이 왕에게 칼빈이 자신의 『기독교 강요』를 헌정했다. 그러므로 이 시기가 바로 르네상스와 종교 개혁이 교차되는 시기였다.

이 통일의 문제에 대하여 종교 개혁은 르네상스와는 완전히 반대되는 대답을 제시했다. 종교 개혁은 아리스토텔레스주의와 신플라톤주의의 해석을 거부했다.

종교 개혁자들이 주장하는 대답은 무엇인가? 이들에 의하면, 로마 가

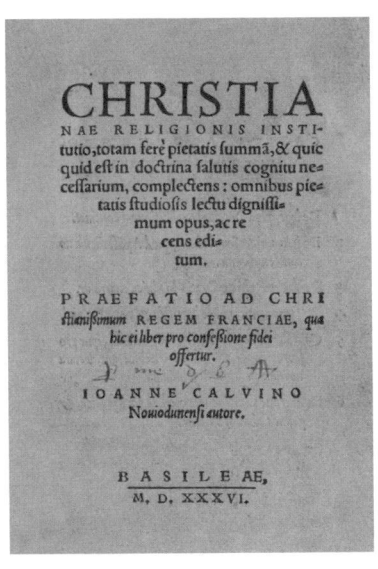

칼빈의 『기독교 강요』 1536년판 속표지(상단)와 1559년 결정판 속표지(하단). "칼빈은 1509년에 출생했으며, 1536년에 『기독교 강요』를 내놓았다. 레오나르도 다 빈치가 죽은 1519년은 루터와 에크 박사가 라이프치히에서 논쟁을 벌였던 해이기도 하다. 레오나르도는 만년에 프랑스 왕 프랑수아 1세의 초청으로 프랑스에 정착했는데, 바로 이 왕에게 칼빈이 자신의 『기독교 강요』를 헌정했다. 그러므로 이 시기가 바로 르네상스와 종교 개혁이 교차되는 시기였다."

제2장 자연과 은총의 통일　45

『레오나르도 다 빈치의 죽음』, 장 오귀스트 도미니크 앵그르 作. 이탈리아 르네상스 예술에 심취한 프랑수아 1세는 1516년 당시 63세였던 레오나르도 다 빈치를 프랑스로 초대하여 프랑스 궁전 최고의 화가로 임명하고 극진히 대우하였으며, 3년 후 레오나르도가 숨을 거두는 순간에도 곁을 지켰다.

"레오나르도 다 빈치는 만년에 프랑수아 1세의 초청으로 프랑스에 정착했는데, 바로 이 왕에게 칼빈이 자신의 『기독교 강요』를 헌정했다. 이 시기가 바로 르네상스와 종교 개혁이 교차되는 시기였다. 통일의 문제에 대하여 종교 개혁은 르네상스와는 완전히 반대되는 대답을 제시했다. 종교 개혁은 성경에서 말하는 전적 타락을 인정했으며, 아퀴나스와는 반대로 오직 하나님만이 자율적이라고 주장했다."

톨릭 교회에서 자라나는 묵은 인본주의와 자율적인 인간의 불완전한 타락을 말하는 아퀴나스(Thomas Aquinas, 1225-1274)의 신학에서 문제가 싹트게 되었다는 것이다. 종교 개혁은 성경에서 말하는 전적 타락을 인정했다. 전인(全人)이 하나님에 의해 지음받았으나, 지금은 지정의를 포함한 전인이 타락한 상태에 있다는 것이다. 아퀴나스와는 반대로 오직 하나님만이 자율적이라고 주장했다.

이것은 두 가지 면에서 진리였다.

첫째, 궁극적 권위 면에서 볼 때 자율적인 것은 아무것도 없다. 종교 개혁자들은 궁극적이며 충분한 지식은 성경에 있다고 주장했다. 다시 말해, 교회나 자연 신학 등 다른 어떤 것을 성경과 동등하게 여겨 성경에 첨가하는 견해와는 달리, 성경만이 있을 뿐이라는 것이다.

둘째, 구원 문제에서 인간의 자율성은 찾아볼 수 없다. 로마 가톨릭에서는 구원을 얻는 데는 두 가지 노력이 필요하다고 한다. 즉 우리의 구원을 위한 그리스도의 죽으심과 인간이 그리스도의 공로를 받을 자격을 갖추는 일, 이 두 가지가 겸비되어야 한다는 것이다. 따라서 여기에는 인본주의적 요소가 개입되었다. 종교 개혁자들은 인간이 할 수 있는 일은 아무것도 없으며, 인간의 자율적이거나 인본주의적인 노력 또는 종교적이거나 도덕적인 노력으로는 구원을 얻을 수 없다고 말한다. 즉 그리스도께서 역사의 시공간에서 죽으심으로 완성하신 사역을 근거로 해서만 사람은 구원을 얻을 수 있다는 것이다. 구원을 얻는 유일한 길은 믿음으로

빈손을 들고, 하나님의 은혜로 하나님의 선물을 받아들이는 데에 있다. 즉 믿음으로만 가능하다.

그러므로 이러한 영역에는 분열이 있을 수 없다. 궁극적인 규범이 되는 지식에는 분열이 없다. 다시 말하면 교회나 자연 신학이 말하는 것과 성경이 말하는 것이 달라서도 안 되고, 성경과 합리주의자들의 견해가 차이가 나서도 안 된다. 구원 문제에 대해서는 분열이 있을 수 없다. 오직 성경과 믿음만이 있을 따름이다.

여기서 복음주의적 기독교인들이 유의해야 할 점은 종교 개혁자들이 '오직 성경'이라고 했지, '오직 그리스도 안에서 나타나는 하나님의 계시'라고 말하지 않았다는 점이다. 만일 누구든지 종교 개혁자들이 가졌던 성경관을 떠나면, '그리스도'란 말에서 아무런 내용을 발견할 수 없게 된다. 이것이 오늘날 신학에서 나타나고 있는 경향이다. 현대 신학은 그리스도를 성경에서 분리시키므로 결국 '그리스도'라는 낱말을 내용 없이 사용하는 셈이다. 종교 개혁자들은 그리스도께서 하나님에 관하여 말씀하신 계시를 기록된 성경의 계시와 연결시킴으로써 그리스도 자신의 교훈을 따른다.

성경은 두 종류의 지식에 대한 열쇠를 제시한다. 즉 하나님에 관한 지식과 인간과 자연에 관한 지식이다. 위대한 종교 개혁의 고백문들은 하나님이 성경을 통해 자기의 속성을 인간에게 계시하셨으며, 또한 이 계시는 인간에게뿐 아니라 하나님께도 의미가 있다고 강조한다. 하나님이 성경을 통해 인간에게 말씀하셨으며, 따라서 인간이 하나님에 관하여 참된 지식을 갖는 것은 하나님이 그것을 계시하셨기 때문이라는 사실을 알지 못했다면, 북부 유럽에 종교 개혁과 종교 개혁 문화는 있을 수 없었다는 것이다.

비록 우리가 완전한 진리를 소유하지는 못하지만 소위 '참된 진리'를 성경에서 얻는다는 것을 성경이 가르쳐 준다는 사실은 오늘날 의사소통과 언어 연구에 관심이 있는 사람들이 기억해야 할 중요한 원리다. 이러한 방식으로 우리는 하나님에 관한 참된 진리와 인간에 관한 참된 진리를 알며 또한 자연에 관한 참된 것을 알게 된다. 즉 우리는 성경을 기초하여, 비록 완전한 지식은 아니지만 참되고 통일된 지식을 소유한다.

종교 개혁과 인간

따라서 우리는 인간에 관하여 놀라운 것을 알고 있다. 무엇보다도 인간의 기원과 인간이 누구라는 것을 안다. 인간은 하나님의 형상대로 창조되었다. 인간은 그리스도인으로 '중생'(born again)할 때 놀라운 존재가 될 뿐만 아니라 하나님이 인간을 자기 형상대로 만드셨기 때문에 훌륭한 존재다. 인간은 타락 이전의 원래 상태 때문에도 소중하다.

최근 나는 강의 도중에 약물을 상용하고 있는 학생을 소개받았다. 그의 용모는 훤칠했고 얼굴은 지적이었으며, 머리는 길고 청바지에 샌들

차림이었다. 강의실에 들어와 내 강의를 듣더니 대뜸 "야, 이건 아주 새로운 이야기인데, 이런 말은 한 번도 들어본 적이 없어." 하는 것이었다.

이튿날 오후에 그 학생이 다시 왔기에 그에게 인사를 건넸다. 그는 나를 응시하면서 말했다. "선생님, 참 정중하게 인사를 하시는데 무엇 때문에 저에게 그런 인사를 하시는지 어리둥절하게 됩니다." "학생이 누군지 알기 때문이오. 하나님의 형상대로 만들어진 사람인 줄 아니까 인사를 하는 것이오."라고 나는 대답했다.

이러면서부터 우리는 감격스러운 이야기를 주고받았다. 인간의 기원을 모르고서는 사람들을 인간답게 대할 수 없고, 높은 수준의 참인간으로 그들을 대할 수 없다. 하나님이 인간이 누구라는 것을 말씀하신다. 하나님은 자기 형상대로 지으셨다고 우리에게 알려 주신다. 그러므로 인간은 놀라운 존재다.

하나님은 또한 인간의 다른 면을 말씀해 주신다. 타락에 관해서 말씀하신다. 이 타락에 대한 말씀은 우리가 인간을 이해하는 데에 알아야 할 다른 문제에 눈을 뜨게 한다.

왜 인간은 그렇게 훌륭하면서도 그렇게 결함투성이인가? 인간은 누구이며, 나는 누구인가? 왜 인간만이 독특한 일을 할 수 있는가? 그런데도 왜 인간은 그렇게 끔찍한 존재인가? 그 이유는 어디에 있는가?

성경은 우리가 하나님의 형상대로 만들어졌기 때문에 훌륭하지만 역사의 어느 시공간에서 인간이 타락했기 때문에 결함이 생겼다고 가르친다. 종교 개혁자들은 인간이 하나님을 거역했기 때문에 지옥에 갈 것을 알았다. 종교 개혁자들과 이들을 좇아 북유럽의 문화를 이룩한 사람들은 인간이 존재하시는 하나님 앞에서 도덕적으로 죄를 짓긴 했지만 그렇다고 인간이 전혀 '무가치한 존재'는 아니라는 것을 알고 있었다.

현대인은 인간이 아무것도 아니라고 생각하는 경향이 있다. 개혁 시대의 사람들은 인간이 하나님의 형상대로 지음받은 것을 알았기 때문에 현대인과는 정반대로 생각했다. 비록 타락했을망정, 또한 그러므로 그리스도의 초인간적 해결과 그분의 대속의 죽음이 아니었다면 지옥에 갈 수밖에 없는 인간이긴 하지만, 인간이 아무것도 아니라고는 생각하지 않았다.

하나님의 말씀, 즉 성경 말씀에 귀를 기울인 결과 종교 개혁은 사람들 개개인이 기독교인이 되게 하는 데와 일반 문화에 지대한 공헌을 하였다.

따라서 종교 개혁이 우리에게 가르치는 것은 하나님이 '상층부'와 '하층부'에 관하여 성경을 통해 말씀하고 계신다는 것이다. 하나님은 자신, 즉 하늘에 속한 것에 대한 참된 진리를 계시로 말씀하시고, 자연, 즉 우주와 인간에 관한 참된 사실도 계시로 말씀하신다.

그러므로 개혁 시대의 사람들은 지식의 참된 통일을 이룩하였다. 그들에게는 르네상스에서 다루던 자연과 은총의 문제는 없었다. 그들은 참된 통일성을 갖고 있었다. 그것은 그들이 똑똑했기 때문이 아니라 그들이 상하층의 양 영역에 하나님이 계시하신 것에 근거한 통일성을 갖고 있었기 때문이다. 아퀴나스에 의하여 자유를 구가하게 된 인본주의와 로마 가톨릭식의 인본주의와는 달리 개혁자들에게는 자율적인 부분이 전혀 없었다.

그렇다고 예술과 과학에 대한 자유가 없었다는 것은 결코 아니다. 아니, 정반대로 계시된 규범 안에서 가능한 참된 자유를 향유할 수 있었다. 그렇지만 비록 예술과 과학이 자유를 향유한다고 해도 그것들이 자율적인 것은 아니다. 예술가나 과학자 역시 성경의 계시 아래 있기 때문이다. 앞으로 논하겠지만 예술과 과학이 자율적으로 되기를 시도할 때마다 항상 어떤 원리가 나타났다. 즉 자연이 은총을 잠식해 버려서 예술과 과학이 곧 무의미해지기 시작했다.

종교 개혁은 실로 엄청난 결과를 낳았다. 비록 우리 세대가 지금 폐기하고 있기는 하지만, 많은 사람들이 사랑하는 문화를 가능하게 하였다. 종교 개혁은 20세기의 사고방식을 빌리자면 '프로그램화되지 않은 인간'인 한 아담을 우리에게 제시한다. 그는 컴퓨터 시스템 안에 있는 천공 카드(punch card)[4]로 설정된 존재가 아니다. 20세기의 인간은 결정주의 사상에 젖어 있기 때문에 이러한 인간상을 상상할 수 없다는 특성을 가지고 있다.

그러나 성경은 인간이 전적으로 결정되었거나 조건 지어진 것으로 설

---

[4] **편집자 주**. 과거 컴퓨터에서 데이터를 표현하기 위해 규칙적인 구멍을 뚫어 사용한 종이 카드로 초기의 저장 매체이다.

명해서는 안 된다는 입장을 취한다. 다시 말해 인간의 존엄성에 대한 개념을 내세우는 입장을 취한다. 오늘날 사람들은 인간의 존엄성을 고수하려고 노력한다. 그러나 인간이 하나님의 형상대로 창조되었다는 진리를 상실했기 때문에 어떻게 이 개념을 고수할 수 있을는지 그 방법을 알지 못한다. 아담은 프로그램화되지 않은 인간이었으며, 의미 있는 역사 속의 의미 있는 인간으로서 역사를 변화시킬 수 있었다.

그러므로 종교 개혁 사상에서 우리는 인간이 중요한 존재임을 알게 된다. 그러나 우리가 반역했다는 것도 알게 된다. 인간은 실제로 반역했으며 그것은 '연극의 한 토막'이 아니다. 인간은 프로그램화되지 않은 존재이며 실제로 반역하기 때문에 진정한 도덕적 죄책이 있다. 이것으로 인해 개혁자들은 또 다른 진리를 이해했다. 그들은 그리스도께서 하신 일에 대하여 성경이 가르치는 대로 이해했다. 그들은 예수님이 대속자로 십자가에 달려 죽으심으로써 인간을 진정한 죄책에서 구하기 위한 제물이 되셨다고 이해했다.

우리가 심리학적으로든 신학적으로든 혹은 그 밖에 어떤 방법으로든 진정한 도덕적 죄책에 대한 성경의 개념을 함부로 변경한다면 예수님이 행하신 일에 대한 우리의 견해는 더 이상 성경적인 견해가 아니라는 것을 알아야 한다. 그리스도께서는 실제로 참된 선택을 하셨기 때문에 신정한 도덕적 죄책을 진 인간을 위해 돌아가셨다.

인간의 모습

우리는 이제 인간의 다른 면모를 살펴보아야 한다. 그러기 위해서는 먼저 성경 체계 속에 있는 만물은 하나님께로 돌아간다는 사실을 명심해야 한다. 나는 성경의 체계를 하나의 체계로서 사랑한다. '체계'(system)라는 말이 너무 차가운 인상을 주기 때문에 별로 좋아하지 않을지 모르지만, 그렇다고 성경의 가르침이 하나의 체계가 아닌 것은 아니다.

만물이 시초로 돌아가며, 따라서 이 체계는 독특하게 아름답고 완전하다. 모든 것이 이 체계를 정점으로 하기 때문이다. 모든 것이 '거기' 계시는 하나님으로부터 시작된다. 이것이 바로 모든 것의 시작이요, 정점이므로 모든 것이 여기에서부터 모순 없이 전개되고 있다. 성경은 하나님은 살아 계시는 하나님이라고 하며 하나님에 관한 많은 사실을 가르친다. 그러나 20세기의 사람들에게 가장 의의가 있는 것은 성경이 하나님을 가리켜 인격적이신 하나님이요, 무한하신 하나님이라고 한다는 사실일 것이다.

이러한 하나님이 바로 '거기' 계시고 실재하시는 하나님이시다. 더 나아가서는 이것이 이러한 하나님을 섬기는 유일한 체계요, 유일한 종교이다. 동양의 신들은 정의상, 다시 말하면 선악을 다 포괄한다는 의미에서 무한하다. 그러나 인격적인 신들은 아니다. 서양의 신들은 인격적이나 이들은 극히 유한한 신들이다. 북유럽 게르만족의 신들과 로마와 그리스의 신들은 하나같이 다 인격적이지만 무한한 신은 아니다. 그러나 기독교의 하나님, 즉 성경의 하나님은 인격적이며 무한하시다.

성경의 이 인격적이며 무한하신 하나님은 만물의 창조주이시다. 하나님이 만물을 창조하셨다. 그분은 이 모든 것을 무(無)에서부터 창조하셨다. 그러므로 다른 모든 것은 유한하고 피조물이다. 하나님만이 무한하신 창조주이시다. 이것을 도식으로 설명하면 다음과 같다.

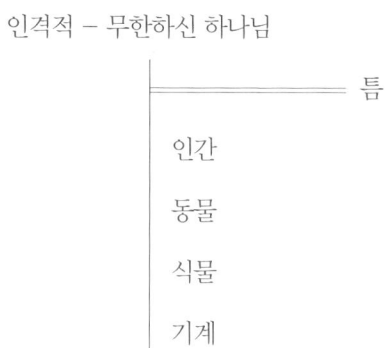

하나님은 인간과 동물과 식물 그리고 기계를 창조하셨다. 하나님의 무한성의 면에서 볼 때, 인간은 기계와 마찬가지로 하나님과 단절된 상태에 있다. 그러나 성경에서 말하는 인간의 인격적인 면을 보면 진혀 다른 것을 알 수 있다. 이런 관계를 도식화하면 틈의 위치가 바뀐다.

    이처럼 하나님의 형상대로 창조된 인간은 하나님과 인격적인 관계를 가지도록 만들어졌다. 인간의 관계는 위쪽으로도 성립되는 것이지 아래쪽으로만 성립되는 것이 아니다. 20세기 사람들을 접해 보면 이 점에서 전혀 다른 생각을 한다. 현대인은 아래쪽의 동물이나 기계와의 관계를 찾는다.

    성경은 이러한 인간관을 배척한다. 인격적인 면에서 우리는 하나님과 관계가 있다. 우리는 무한하지 않고 유한하다. 그럼에도 불구하고 우리는 존재하시는 인격적 하나님의 형상대로 창조되었기 때문에 참으로 인격적인 존재이다.

종교 개혁과 르네상스와 도덕

르네상스 사상과 종교 개혁 사상 사이의 이러한 차이점은 여러 면으로 실제적인 결과를 낳았다. 이러한 실례는 광범위하게 퍼져 있다. 예를 들면 르네상스는 여자를 해방시켰으며, 종교 개혁 역시 그러했다. 그러나 거기에는 상당한 차이가 있다.

1860년 바젤에서 출판된 『이탈리아의 르네상스 문명』(The Civilization of the Renaissance in Italy)이라는 부르크하르트(Jacob Burckhardt, 1818–1897)의 저서는 아직도 이 방면에 대해서는 표준 저서이다. 그는 이탈리아 르네상스에서 여자들이 자유를 얻기는 했으나 전반적인 부도덕이라는 큰 대가를 지불했음을 지적한다. 부르크하르트는 이를 설명하는 데에 상당한 지면을 할애한다.

그 이유는 무엇일까? 자연과 은총에 대한 당시의 견해를 보면 이해가 간다. 이러한 견해는 결코 이론적인 데에 머물지 않는다. 왜냐하면 사람들은 생각하는 대로 행동하기 때문이다.

서정 시인 – 정신적 사랑 – 이상적 사랑

소설가, 희극 시인 – 관능적 사랑

상층부에는 정신적 사랑과 이상적 사랑을 가르치는 서정 시인이 있고, 하층부에는 관능적 사랑을 가르치는 소설가와 희극 시인이 있다. 당시에는 외설 서적이 범람했다. 르네상스 시대의 이러한 요소는 책에 그치는 것이 아니라 당시 사람들의 생활로 표현되었다. 자율적인 인간이 이원론에 빠지게 된 것이다.

예를 들면 우리는 단테(Dante Alighieri, 1265-1321)에게서도 이러한 면을 볼 수 있다. 그는 첫눈에 한 여자에게 사랑을 느끼고는 평생토록 그 여자를 사랑했다. 그런가 하면 그는 다른 여자와 결혼하여 아이를 낳고 가사를 돌보게 했다.

결국 이 자연과 은총의 분리는 르네상스 시대의 모든 생활 영역에 파급되었으며, 자율적인 '하층부'가 늘 '상층부'를 잠식했다.

전인(全人)

종교 개혁의 성경적 견해는 과거에도 현재에도 아주 다른 것이었다. 다시 말하면 플라톤(Platon, B.C. 427경-347경)의 견해와는 달랐다. 육체나 영혼이 다같이 중요했다. 하나님이 전인(全人)을 만드셨기 때문에 이 전인이 중요한 것이다. 죽은 자의 육체적 부활을 가르치는 교리는 결코 낡아빠진 교리가 아니다. 이 교리는 하나님이 전인을 사랑하시며, 따라서 전인이 중요하다는 것을 가르친다.

『베아트리체와 마주친 단테』, 헨리 홀리데이 作. 어린 시절 자기보다 한 살 어린 베아트리체를 우연히 본 단테는 그 이후 다른 만남이 없었음에도 평생토록 그녀에 대해 사랑과 찬미의 감정을 품었다. 헨리 홀리데이의 그림은 단테가 피렌체 베키오 다리에서 생애 두 번째로 베아트리체와 조우한 장면을 묘사하고 있다. "상층부에는 정신적 사랑과 이상적 사랑을 가르치는 서정 시인이 있고, 하층부에는 관능적 사랑을 가르치는 소설가와 희극 시인이 있다. 당시에는 외설 서적이 범람했다. 르네상스 시대의 이러한 요소는 책에 그치는 것이 아니라 당시 사람들의 생활로 표현되었다. 자율적인 인간이 이원론에 빠지게 된 것이다. 예를 들면 우리는 단테에게서도 이러한 면을 볼 수 있다. 그는 첫눈에 한 여자에게 사랑을 느끼고는 평생토록 그 여자를 사랑했다. 그런가 하면 그는 다른 여자와 결혼하여 아이를 낳고 가사를 돌보게 했다."

제2장 자연과 은총의 통일

성경의 가르침은 영혼(상층부)을 대단히 중요시하고 육체(하층부)를 아주 대수롭지 않게 취급하는 플라톤의 사상과는 정반대이다. 성경의 견해는, 인간의 육체와 자율적인 정신을 중요시하고 은총은 별로 중요시하지 않으며 모든 보편자와 모든 절대 기준을 상실한 인본주의의 견해와도 다르다.

종교 개혁에서 주장한 성경적 견해는 플라톤주의자의 견해도, 인본주의자의 견해도 아니다. 그것은 첫째, 하나님이 전인을 만드셨으므로 전인에 관심을 가지신다는 것이며, 둘째, 역사 속의 시공간에서 타락이 이루어져 전인에게 영향을 미쳤다는 것이다. 셋째, 구주 예수님이 하신 일에 근거하고 성경의 계시에서 얻는 지식을 가짐으로써 전인의 구속이 이루어진다는 것이다. 장차 전인이 죽음에서 부활하여 완전한 구원을 얻을 것이다.

로마서 6장에서 바울은 이생에서도 우리는 전인적 구원의 실체를 가지게 된다고 말한다. 이것은 그리스도께서 흘리신 피와 믿음을 통한 성령의 능력으로 비록 이생에서는 완전하지는 못하나 실현된다. 그리스도께서는 전인을 지배하시는 진정한 주(主)이시다. 이것이 개혁자들이 깨달은 바이고 성경이 가르치는 내용이다. 예를 들면 앵글로색슨계 기독교보다 네덜란드에서 이것이 그리스도께서 문화를 다스리시는 주가 되심(Lordship)을 의미한다고 더 강조했다.

그러므로 그리스도께서는 양 영역을 모두 다스리는 주가 되신다.

은총
———
자연

　예수 그리스도의 주 되심과 성경의 권위를 떠나서는 자율적인 것이 있을 수 없다. 하나님은 전인을 만드셨으므로 전인에 관심을 가지신다. 그러므로 통일을 이룰 수 있다. 이처럼 르네상스에서 현대인이 탄생하던 바로 그때에 종교 개혁은 현대인의 딜레마에 대하여 해답을 제시했다. 이와 대조적으로 르네상스적 인간의 이원론은 현대적 유형의 인본주의를 낳았으나 그와 함께 현대인에게 슬픔을 안겨 주었다.

헤겔은 어떻든 합리성과 관계있는 하나의 종합을 바랐으나, 그럼에도 불구하고 현대인의 특징으로 향하는 문호를 열었다. 진리로서의 진리는 사라지고 대신 종합이 상대주의와 함께 지배하게 된 것이다. 그리고 이어서 등장한 키에르케고르는 통일된 지식의 영역에 대한 희망을 포기했다는 의미에서 진정한 현대인이다. 절망이란 무엇을 말하는가? 그것은 지식과 삶에 대한 통일된 해답을 바라던 희망을 포기하는 데서 오는 절망이다. 현대인은 통일된 해답에 대한 합리적 희망을 저버리는 한이 있더라도 합리주의와 자율적인 반항을 고집한다. 옛날에는 지성인들이 합리성과 통일된 지식의 영역에 대한 희망을 포기하려 하지 않았다. 그러나 현대인은 통일에 대한 희망을 포기하고 절망 가운데서 산다. 이제까지 인간이 갈망하던 것이 전혀 가능하지 않다고 생각하는 절망 가운데 사는 것이다.

제3장

절망선

초기의 근대 과학

과학 역시 앞에서 기술한 바와 같은 상황에 있었다. 우리는 근대 과학이 기독교에 동조하며 기독교의 환경에서 살던 사람들에 의하여 시작되었음을 알아야 한다. 예를 들면 로버트 오펜하이머(J. Robert Oppenheimer, 1904-1967)는 기독교인은 아니었으나 기독교를 이해하고 있었다. 그는 기독교가 근대 과학을 탄생시키는 데에 필요한 역할을 다했다고 말한다.5 앨프레드 노스 화이트헤드(Alfred North Whitehead, 1861-1947)도 같은 사실을 강조했다. 기독교가 우주의 현상을 탐구하도록 자극하는 사상적 분위기를 조성했다는 단순한 이유만으로도 근대 과학의 탄생을 위해 필요했다는 것이다.

장-폴 사르트르(Jean-Paul Sartre, 1905-1980)는 위대한 철학적 물음은 아무것도 존재하지 않는다는 것보다는 무엇이 존재한다는 데에 있다고 말

---

5 'On Science and Culture,' *Encounter*, October 1962.

기호 논리학의 대가, 앨프레드 로스 화이드헤드(상단). 원자폭탄 개발 계획에 참여했던 이론 물리학자, 로버트 오펜하이머(하단). "근대 과학이 기독교에 동조하며 기독교의 환경에서 살던 사람들에 의하여 시작되었음을 알아야 한다. 로버트 오펜하이머는 기독교인은 아니었으나 기독교를 이해하고 있었다. 그는 기독교가 근대 과학을 탄생시키는 데에 필요한 역할을 다했다고 말한다. 앨프레드 노스 화이트헤드도 같은 사실을 강조했다. 기독교가 우주의 현상을 탐구하도록 자극하는 사상적 분위기를 조성했다는 단순한 이유만으로도 근대 과학의 탄생을 위해 필요했다는 것이다."

한다. 인간이 어떻게 사고를 하든지 무엇이 존재한다는 사실과 문제를 다루지 않으면 안 된다. 기독교는 그것이 객관적으로 존재하는 이유에 대한 설명을 제시한다. 동양 사상과는 대조적으로 히브리-기독교의 전통은 하나님이 '자신 밖에' 참우주를 창조하셨다고 주장한다. '자신 밖에'라는 말은 공간적 의미에서 한 말이 아니라, 우주가 하나님의 본질의 연장이 아니며 하나님의 꿈도 아니라는 점을 강조하기 위해 쓴 말이다.

우리가 생각하고 논의하고 탐구하는 대상이 되는 객관적인 실재가 거기에 존재한다. 기독교는 객관적인 실재와, 원인과 결과에 대한 확실한 근거, 즉 체계를 세우기에 충분한 근거를 제시한다. 그러므로 객관적인 실재와 역사 그리고 원인과 결과가 실제로 존재한다.

초기의 많은 과학자들은 프랜시스 베이컨(Francis Bacon, 1561-1626)과 같은 견해를 가지고 있었다. 그는 『학문의 신기관』(Novum Organum Scientiarum)에서 "인간은 타락에 의해 그의 무죄한 상태와 자연에 대한 지배력을 함께 상실했다. 그러나 이러한 것이 현세에서도 다소 회복될 수 있다. 전자는 종교와 신앙으로, 후자는 예술과 과학에 의해 가능하다."라고 말했다. 그렇다면 과학으로서의 과학(그리고 예술로서의 예술)은 하나의 종교 행위로 이해되어야 한다. 위에 인용한 것에서 베이컨은 과학을 성경이 계시하는 인류의 타락을 염두에 두고 생각한 만큼, 자율적인 것으로 보지 않았다는 사실은 주목할 만하다. 그러나 그 '틀' 안에서 과학과 예술은 인간과 하나님 앞에서 자유를 향유하고 본래적인 가치를 지닌다.

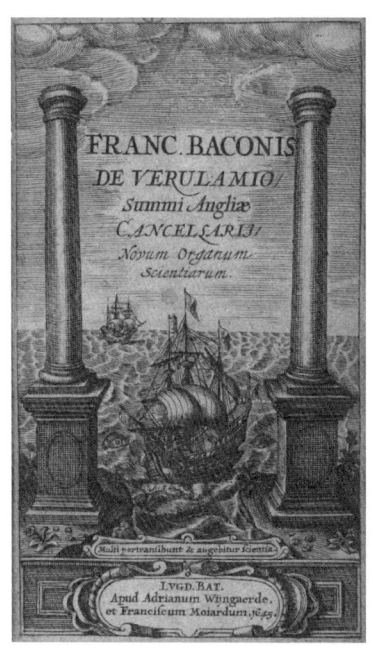

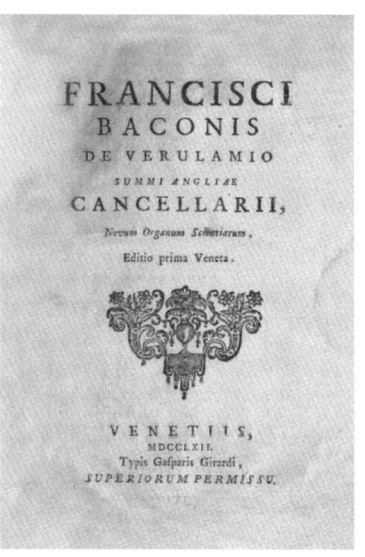

프랜시스 베이컨의 『학문의 신기관』 1645년판 속표지(상단)와 1762년판 속표지(하단). 『학문의 신기관』은 아리스토텔레스의 논리학 저서인 『신기관』에 대항하는 의미로 출간된 책으로, 근대 과학 정신의 초석을 닦은 저작이라 할 수 있다. "초기의 많은 과학자들은 프랜시스 베이컨과 같은 견해를 가지고 있었다. 그는 『학문의 신기관』에서 '인간은 타락에 의해 그의 무죄한 상태와 자연에 대한 지배력을 함께 상실했다. 그러나 이러한 것이 현세에서도 다소 회복될 수 있다. 전자는 종교와 신앙으로, 후자는 예술과 과학에 의해 가능하다.'라고 말했다. 베이컨이 과학을 성경이 계시하는 인류의 타락을 염두에 두고 생각한 만큼, 자율적인 것으로 보지 않았다는 사실은 주목할 만하다. 그러나 그 '틀' 안에서 과학과 예술은 인간과 하나님 앞에서 자유를 향유하고 본래적인 가치를 지닌다."

『프랜시스 베이컨』, 파울루스 반 소머 作.
"초기의 과학자들은 이성적인 우주를 창조하신 이성적인 하나님이 계시고 따라서 인간은 이성을 사용하여 우주의 형상을 발견해 낼 수 있다고 믿은 기독교와 견해를 같이했다. 베이컨, 코페르니쿠스, 갈릴레이, 케플러, 패러데이, 맥스웰 등이 이런 틀 안에서 우주를 보고 과학 활동을 하였다. 자연은 비잔틴적 사고방식에서 풀려나와 성경적인 올바른 해석에 의해 보호를 받게 되었다. 그러므로 근대 과학을 탄생시킨 것은 실로 성경적인 사고방식이었다."

초기의 과학자들은 이성적인 우주를 창조하신 이성적인 하나님이 계시고 따라서 인간은 이성을 사용하여 우주의 형상을 발견해 낼 수 있다고 믿은 기독교와 견해를 같이했다. 베이컨(Francis Bacon, 1561-1626), 코페르니쿠스(Nicolaus Copernicus, 1473-1543), 갈릴레이(Galileo Galilei, 1564-1642), 케플러(Johannes Kepler, 1571-1630), 패러데이(Michael Faraday, 1791-1867), 맥스웰(James Clerk Maxwell, 1831-1879) 등이 이런 틀 안에서 우주를 보고 과학 활동을 하였다.

우리가 당연하게 여기는 이와 같은 것들이 초기의 근대 과학 태동에 지대한 기여를 했다. 이와 같은 확신과 동기를 가지고 있지 않은 오늘날의 과학자들이 근대 과학을 시작하겠는지 또는 시작할 수 있는지는 의문이 아닐 수 없다. 자연은 비잔틴적 사고방식에서 풀려나와 성경적인 올바른 해석에 의해 보호를 받게 되었다. 그러므로 근대 과학을 탄생시킨 것은 실로 성경적인 사고방식이었다.

초기의 과학은 자연의 사물을 취급했다는 점에서는 자연 과학이었다. 이것이 자연 원인의 제일성(齊一性)을 주장하기는 했으나 하나님과 인간을 기계적으로 인식하지는 않았기 때문에 자연주의적인 것은 아니었다.

초기의 근대 과학자들은 첫째, 하나님이 인간에게 지식을, 즉 하나님 자신과 우주와 역사에 관한 지식을 주셨다는 것을 확신했으며, 둘째, 하나님과 인간은 기계의 일부가 아니기 때문에 원인과 결과라는 기계적인 작용에 영향을 줄 수 있다고 믿었다. 그러므로 하층부에 있어서 자율적인 상황이란 없었던 것이다.

과학은 이렇게 발전하였다. 과학은 실재하는 자연계를 대상으로 하였으나 아직 자연주의적인 입장은 취하지 않았다.

칸트와 루소

르네상스 및 종교 개혁기 이후 루소(Jean-Jacques Rousseau, 1712-1778)와 칸트(Immanuel Kant, 1724-1804)의 시대에 와서 역사는 하나의 새로운 전기(轉機)에 도달한다. 물론 그 사이에 연구할 만한 사람들이 많이 있다.

칸트와 루소에 이르면 아퀴나스(Thomas Aquinas, 1225-1274)에서 시작된 자율 사상이 충분히 발전되어 있음을 보게 된다. 이제 문제는 다른 양상을 띠게 되었다. 문제가 다른 형식으로 해석되고 있다는 것 자체가 또한 문제가 진전되었음을 말해 준다. 그 전에는 자연과 은총이 논의의 대상이었는데, 이때에 와서는 은총이란 개념이 아예 없어졌다. 이 단어는 이제 적합하지 않은 말이 되어 버렸다. 이제 합리주의가 상당히 발전되어 사람들의 관심을 모으고 있었다. 그래서 그 어디에서도 계시라는 개념을 찾아볼 수 없었다. 결국 문제는 이제 '자연과 은총'이 아니라 '자연과 자유'가 되었다.

$$\frac{\text{자유}}{\text{자연}}$$

이것은 세속화된 상황을 말해 주는 일대 격변이라 하겠다. 자연이 은총을 완전히 삼켰다. 그래서 '상층부'에는 '자유'만 남아 있게 되었다.

칸트의 체계는 자연의 현상계가 보편자의 본체계와 관계를 맺는 길을 발견하려는 것이었는데 큰 난관에 부딪히게 되었다. 결과적으로 상층부와 하층부를 갈라놓는 분계선이 더 두텁게 되었다.

이 시기에 자연이 정말 전적으로 자율적인 것이 되자 결정론이 대두하게 되었다. 이전에는 결정론이 거의 언제나 물리학의 영역, 다시 말하면 우주의 기계적인 부문에만 한정되어 있었다.

비록 결정론이 하층부에 들어오기는 했지만 자유에 대한 인간의 열렬한 갈망은 아직도 계속되고 있었다. 하지만 이제 인간의 자유 역시 자율적인 것으로 여겨지고 있었다. 자유와 자연을 도식화한다면 양자가 다 자율 부분에 있다. 개인의 자유를 구원을 필요로 하지 않는 자유로 볼 뿐만 아니라 절대적인 자유로 본 것이다.

루소는 자유를 고수하기 위한 투쟁을 열심히 수행했다. 그와 그의 추종자들은 그들의 문학과 예술을 통해 마치 문명이 인간의 자유를 속박하는 것인 양 외면했다. 이리하여 보헤미안적 이상이 탄생하게 되었다. 그들은 하층부에 있는 기계로서의 인간에게 억압을 느낀다. 자연주의적 과학은 그들에게 만만치 않은 강적이 되었다. 자유가 상실되기 시작한 것이다. 아직 실제로는 현대인이 아니어서 자신들이 단지 기계에 지나지 않는다는 사실을 용납할 수 없었던 그들은 과학을 미워하기 시작했다. 자유가 무의미할지라도 그들은 자유를 갈구했다. 그리하여 자율적인 자유와 자율적인 기계가 서로 대치하게 되었던 것이다.

자율적인 자유란 무엇인가? 그것은 개인을 우주의 중심으로 하는 자유를 말한다. 자율적인 자유는 속박을 받지 않는 자유이다.

그런데 인간이 기계가 누르는 중압감을 느끼기 시작하자, 루소 등은 그들이 생각하는 인간의 자유를 위협하는 과학을 저주했던 것이다. 그들

『장-자크 루소』, 앨런 램지 作. "루소는 자유를 고수하기 위한 투쟁을 열심히 수행했다. 그와 그의 추종자들은 그들의 문학과 예술을 통해 마치 문명이 인간의 자유를 속박하는 것인 양 외면했다. 이리하여 보헤미안적 이상이 탄생하게 되었다. 그들은 하층부에 있는 기계로서의 인간에게 억압을 느낀다. 아직 실제로는 현대인이 아니어서 자신들이 단지 기계에 지나지 않는다는 사실을 용납할 수 없었던 그들은 과학을 미워하기 시작했다. 자유가 무의미할지라도 그들은 자유를 갈구했다. 그리하여 자율적인 자유와 자율적인 기계가 서로 대치하게 되었던 것이다."

이 옹호하는 자유는 그것을 속박하는 것이 없다는 점에서 자율적이다. 그것은 제한이 없는 자유다. 그것은 이제 합리적 세계에 적합하지 않은 자유이다. 유한한 개개의 인간이 자유롭게 되기를 원하는 것은 희망과 노력에 불과하다. 남아 있는 것이라곤 개인의 자기 표현이 있을 뿐이다.

이런 현대인의 형성기의 의미를 이해하기 위해서는 그리스 시대 이후 지금까지 서양의 철학 학파들은 세 가지 중요한 원리를 공통적으로 가지고 있었다는 것을 기억해야 한다.

첫째, 그들은 합리주의적이었다. 즉 인간은 절대적으로 그리고 전적으로 자기 자신에게서 출발하여, 개별자에 관한 지식을 종합하여 보편자를 형성한다는 의미이다. 이에 대하여 합리주의적이라는 낱말을 사용하는 것은 적절하다. 이 책에서도 이러한 의미로 사용한다.

둘째, 철학자들은 하나같이 합리적인 것을 신봉했다. 이 말은 소위 '합리주의'(rationalism)와는 관계가 없는 말이다. 그들은 이성의 타당성에 대한 인간의 갈망이 충분한 근거를 가지고 있다는 것을 기초로 행동했다.

그들은 반정립(antithesis)과 연관지어 사고했다. 만일 어떤 사물이 참되다면 그와 반대되는 것은 참되지 않다. 도덕에서 어떤 것이 옳다면 그와 반대의 것은 옳지 않다. 이것은 인간의 사고가 미칠 수 있는 데까지 해당된다. 소크라테스(Socrates, B.C. 469경-399)와 아리스토텔레스(Aristoteles, B.C. 384-322) 이전의 그리스인들은 달리 사고했다는 하이데거(Martin Heidegger, 1889-1976)의 후기 입장은 역사적 근거가 없다.

사실상 이것은 인간이 사고할 수 있는 유일한 방법이다. 반정립 사상, 즉 궁극적으로 하나님은 존재하지 않는다는 것과는 달리 하나님은 존재하신다는 실재에, 또 하나님이 창조하신 것이 존재하지 않는다는 것과는 달리 존재한다는 실재에 근거를 두는 반정립 사상은 아리스토텔레스에 의해 시작되지 않았다. 반정립 사상은 하나님의 창조된 인간이 실재에서 생활하고 관찰하고 생각하도록 한다. 그러므로 아리스토텔레스의 이름을 이성과 반정립의 사용에 적용하는 것은 잘못이다.

반정립과 합리적인 것과의 관계에서, 생각하기를 거부할 수 있는 단 하나의 길은 합리적인 것과 반정립에 기초하는 것이라는 사실을 우리는 부인할 수 없다. 가령 어떤 사람이 반정립과 관련지어 생각하는 것이 잘못이라고 말하는 경우, 그는 반정립을 부정하기 위해 실제로 반정립의 개념을 사용하고 있는 것이다. 하나님이 우리를 그렇게 만드셨기 때문에 달리 생각할 방법이 없다. 따라서 고전 논리학의 기초는 'A는 A이지 비(非)A가 아니다.'라는 것이다. 이러한 반정립의 방법론이 함축하는 것이 무엇이며 또 이것을 거부하는 것이 무엇을 의미하는지를 이해하는 것이 현대 사상을 이해하는 데에 대단히 중요하다.

셋째, 철학자들은 하나의 통일된 지식의 영역을 구축할 수 있다는 희망을 항상 버리지 않았다. 예를 들어서 칸트의 시대만 해도 사람들은 반대 세력에도 불구하고 집요하게 이러한 희망을 고수했다. 그들은 합리성과 합리주의를 통하여 하나의 완전한 해답, 즉 모든 사상과 모든 삶을 포괄할 수 있는 해답을 얻게 될 것이라고 생각했다. 물론 극소수의 예외는 있었으나 이러한 열망은 칸트에 이르기까지 모든 철학의 특징이었다.

현대적 근대 과학

칸트의 뒤를 이어 현대인으로 향하는 과정에 크게 이바지한 헤겔(Georg Wilhelm Friedrich Hegel, 1770-1831)로 넘어가기 전에, 위에서 논의한 철학의 변천과 함께 일어난 과학의 변천에 대해 간단히 논하고자 한다. 그러자면 자연히 지금까지 한 말을 되풀이할 수밖에 없다.

초기의 과학자들은 자연 원인의 제일성(齊一性)을 믿었다. 그러나 '닫힌 체계'(closed system)에서의 자연 원인의 제일성은 믿지 않았다. 닫힌 체계라는 짧은 어구가 상황을 완전히 바꾸어 놓는다. 즉 그것은 자연 과학과 자연주의 철학의 입장에 선 과학을 구별 짓는다. 그것은 내가 '근대 과학'(modern science)이라고 부르는 것과 '현대적 근대 과학'(modern modern science)이라고 부르는 것을 확연히 구분 짓는다. 그러나 과학으로서의 과학이 실패한 것이 아니라, 하나의 닫힌 체계 안에 있는 자연 원인의 제일성이 과학자들 사이에서 지배적인 철학이 된 것이라는 점을 아는 것이 중요하다.

닫힌 체계 안에 있는 자연 원인의 제일성이라는 전제의 영향을 받은 결과, 기계는 단지 물리학의 영역에만 국한되는 것이 아니라 이제는 모든 것을 포괄한다. 초기 사상가들이라면 이를 전적으로 거부했을 것이다. 레오나르도 다 빈치(Leonardo da Vinci, 1452-1519)는 이미 이와 같이 될 것을 알고 있었다. 앞에서 살펴본 바와 같이, 합리주의적으로 수학에서 출발하면 파악되는 것은 모두 개별자이기 때문에 결국은 기계론에 빠지게 된다고 그는 이해했다. 이와 같은 이해를 가지고 그는 보편자를 집요하게 추구했던 것이다.

그러나 지금 우리가 언구하려는 시대에 이르면 자율적인 하층부는 상층부를 완전히 잠식한다. 현대적 근대 과학자들은 하층부와 상층부의 완전한 통일을 주장한다. 그리하여 상층부는 자취를 감추어 버린다. 하나님도 자유도 더 이상 존재하지 않고 모든 것은 기계 속에 있다. 자연 원인의 제일성을 강조하던 것이 닫힌 체계 안에서의 자연 원인의 제일성을 강조하는 것으로 전환됨으로 인하여 과학에 중대한 변화가 일어났다. 이 전환은 새롭게 발견된 사실 때문이 아니라 그들의 전제의 변화, 즉 유물주의나 자연주의 세계관으로의 전환 때문에 생겼다.

이러한 경향을 따르는 사람들에 대하여 주목할 만한 일은, 그들이 지금도 여전히 지식의 통일을 고집하고 있다는 것이다. 그들은 아직도 통일이라는 고전적인 이상을 좇는다. 그러나 그들이 통일된 영역을 바라는 데서 오는 결과는 무엇인가? 그들의 자연주의는 이제 물리학만을 상대로 하는 것이 아니다. 심리학과 사회 과학까지 기계 속에 있게 한다. 그들은 통일만 있을 뿐 분열은 있을 수 없다고 말하지만, 이런 식으로 통일을 이룰 수 있는 단 한 가지 방법은 자유를 배제하는 것이다.

그러므로 우리는 헤어날 수 없는 결정론에 빠지고 만다. 즉 닫힌 체계 안에 있는 자연 원인의 제일성을 근거로 하여 통일을 추구한 결과는 자유가 존재하지 않는다는 것이다. 사실 사랑은 더 이상 존재하지 않는다. '인간은 의미를 갈망하고 있다.'라고 할 때의 옛 뜻에서의 의미도 더 이상 존재하지 않는다.

다시 말하면 실제로 일어난 사태는 상하층 사이에 그어 놓았던 분계선을 모든 것 위에 긋게 되었다는 것이다. 그래서 전에 있던 상층부에는 아무것도 존재하지 않게 되었다.

| 하나님 | 사랑 | 도덕 |
| 자유 | 의미 | 인간 |

자연 – 물리학, 사회 과학, 심리학 – 결정론

자연이 자율적으로 되어 은총과 자유를 잠식한 것이다. 자율적인 하층부는 항상 상층부를 잠식한다.

그러므로 다음과 같은 교훈이 성립한다. 이원론을 주장하면서 하층부에 하나의 자율적인 부분을 두면 반드시 하층부가 상층부를 잠식해 버리는 결과가 생긴다. 지난 수세기 동안 이 일이 되풀이되었다. 만일 이 두 영역을 억지로 분리시켜서 한쪽에만 자율을 주면 자율적인 부분이 다른 부분을 곧 지배하고 말 것이다.

현대적 근대 도덕

도덕에도 역시 영향이 없을 수 없다. 20세기 외설 문학자들의 선구는 사드 후작(Donatien Alphonse François, marquis de Sade, 1740-1814)이다. 20세기 사람들은 그를 대단히 중요한 사람으로 인정한다. 이제는 추잡한 작가가 아닌 것이다. 2, 30년 전만 해도 만일 영국에서 그의 책을 가지고 있다가

'사디즘'이라는 용어를 낳은 프랑스의 작가이자 사상가, 사드 후작. 성도착자라는 오명이 따라다니나 한편으로는 성 본능을 관찰하여 인간의 자유와 악의 문제를 파헤친 인물이라는 평가도 받고 있다.
"20세기 외설 문학자들의 선구는 사드 후작이다. 20세기 사람들은 그를 대단히 중요한 사람으로 인정한다. 이제는 추잡한 작가가 아닌 것이다. 2, 30년 전만 해도 만일 영국에서 그의 책을 가지고 있다가 발각되면 법적 제재를 당했다. 그러나 오늘날 사드는 드라마, 철학, 문학 부문에서 명성을 얻게 되었다. 그 이유는 그가 외설 문학 작가일 뿐 아니라 성적인 글을 철학 사상을 표현하는 수단으로 사용할 수 있음을 가르쳤으며, 또한 무엇보다도 그가 화학적 결정론자였기 때문이다. 그의 결론은, 만일 인간이 결정된 것이라면 존재하는 것은 무엇이든 옳다는 것이었다."

발각되면 법적 제재를 당했다. 그러나 오늘날 사드는 드라마, 철학, 문학 부문에서 명성을 얻게 되었다. 모든 허무주의 작가들이나 반항적인 작가들이 사드를 추종한다.

 그 이유는 그가 외설 문학 작가일 뿐 아니라 성적인 글을 철학 사상을 표현하는 수단으로 사용할 수 있음을 가르쳤으며, 또한 무엇보다도 그가 화학적 결정론자였기 때문이다. 그는 인간이 기계 속에 들어갈 때 어떤 일이 일어날지 그 방향을 이해했던 것이다.

그의 결론은, 만일 인간이 결정된 것이라면 존재하는 것은 무엇이든 옳다는 것이었다. 만일 우리의 삶 전부가 그저 기계적이라면, 즉 그것이 존재하는 것의 전부라면 도덕은 고려할 필요도 없다. 도덕은 단지 사회학적 틀을 위한 말에 지나지 않는다. 도덕은 기계 속에서 사회가 조종하는 수단이 될 뿐이다. 이 시기에 이르면 도덕이라는 말이 비도덕에 대한 의미론적 내포 개념이 되어 버렸다. 존재하는 것, 그것은 옳다는 것이다.

이것은 다음 단계, 즉 남자가 여자보다 강하다는 생각을 낳게 되었다. 자연이 남자를 더 강하게 만들었다. 그러므로 남자는 여자에게 자기가 원하는 대로 할 권리가 있으며, 매춘부를 취해서 자신의 쾌락을 만족시키기 위해 구타하는 행위(이 때문에 사드는 왕정 때도, 혁명 이후 공화정 때도 투옥되었다)는 본질상 정당하다는 것이다. 여기서 '사디즘'(sadism)이란 말이 유래했음은 다 아는 사실이다. 그러나 이것이 철학적 관념과 관련되어 있다는 점을 잊어서는 안 된다. 사디즘은 단순히 남을 가해하는 데서 얻는 쾌락만을 가리키는 것이 아니다. 그것은 존재하는 것은 옳다는 것이며, 자연이 힘을 부여해 준 것은 전적으로 옳다는 것을 의미한다.

프랜시스 크릭(Francis Crick, 1916-2004)이나 지그문트 프로이트(Sigmund Freud, 1856-1939) 같은 이도 심리학적 결정론의 입장에서 사드가 이미 말한 바와 같이, 인간은 기계의 일부일 뿐이라고 말한다. 만일 그렇다면 존재하는 것은 옳다는 사드의 결론은 불가피하다. 사람들에게 줄곧 그들이 기계라고 일러 주면 얼마 안 가서 그들이 기계처럼 움직이는 것을 우리는 문화를 관찰함으로써 알 수 있다. 우리의 문화 전반에서, 다시 말하면 잔혹 연극에서, 거리를 휩쓰는 폭력에서, 황야에서 벌어지는 살인에서, 예술과 삶에서 일어나는 인간의 죽음에서 그 효력이 발생됨을 본다. 이러한 것들과 이와 비슷한 많은 것은 우리가 더듬어 보고 있는 역사와 철학의 흐름에서부터 아주 자연스럽게 빚어지고 있다.

무엇이 잘못되었는가? 이것 역시 자율을 허용하는 토마스 아퀴나스의 불완전한 타락관으로 거슬러 올라간다. 자연을 자율적인 것으로 인정하면, 그것은 곧 하나님, 은총, 자유 그리고 결국은 인간까지 삼켜 버린다. 우리는 루소나 그의 추종자처럼 자유라는 '말'을 기를 쓰고 사용하여 한동안은 자유를 향유할 수 있으나 얼마 가지 못해 자유는 결국 비자유가 되고 만다.

헤겔

이제 칸트 이후 철학 사상에 거보를 내디딘 헤겔(Georg Wilhelm Friedrich Hegel, 1770–1831)을 생각해 보자. 고전 철학과 사상에는 합리주의, 합리성, 통일된 지식의 영역에 대한 희망이라는 세 가지 특징이 있음을 우리는 이미 지적했다. 헤겔 이전의 모든 철학자들이 추구한 것은 다음과 같은 것이었다.

어떤 사람이 모든 사상과 삶을 포괄하는 하나의 체계를 간신히 세워

놓자, 그 다음 사람이 와서 이것은 해답이 아니라면서 자기가 하나를 제시하겠다고 한다. 또 다음 사람이 와서는 "이건 그르니 내가 해답을 주겠소."라고 한다. 또 그 다음 사람이 와서는 "천만의 말씀, 해답은 바로 이것이오." 하고, 다시 그 다음 사람이 나타나서는 또 "아니." 하는 격이었다. 따라서 철학사 연구가 별로 즐겁지 못한 것은 당연한 일이다.

그런데 칸트 시대에 와서 합리주의의 합리적 가능성은 막다른 골목에 이르렀다. 합리주의적 전제에서 출발하면 상층부와 하층부가 완전히 단절되고 만다는 사실이 이 시대에 와서 드러나게 되었다. 칸트와 헤겔은 현대인에 이르는 관문인 셈이다.

그러면 헤겔은 어떻게 말했는가? 수천 년 동안 반정립을 근거로 해답을 찾으려는 노력이 진행되었지만 아무런 결론을 얻지 못했다고 주장했다. 철학적 인본주의 사상은 합리주의와 합리성, 그리고 통일된 영역에 매달렸지만 성공하지 못했다. 그래서 그는 새로운 방법을 모색해야 한다고 말했다.

헤겔의 이와 같은 새로운 방법에서 오랜 세월을 두고 나타난 결과는 오늘날의 기독교인들이 자기 자녀를 이해하지 못한다는 것이다. 이상한 말 같지만 사실이다.

헤겔이 기져온 변화는 어느 한 철학이 다른 철학에 대하여 내놓은 주장과는 달리, 심원한 것이었다. 그는 두 가지 면에서 경기의 규칙을 변경시킨 셈이다. 즉 지식에 대한 이론과 지식의 한계와 타당성을 논하는 이

『철학자 게오르크 빌헬름 프리드리히 헤겔』, 야코프 슐레징어 作. "헤겔은 수천 년 동안 반정립을 근거로 해답을 찾으려는 노력이 진행되었지만 아무런 결론을 얻지 못했다고 주장했다. 철학적 인본주의 사상은 합리주의와 합리성, 그리고 통일된 영역에 매달렸지만 성공하지 못했다. 그래서 그는 새로운 방법을 모색해야 한다고 하며 '이제는 반정립 개념이 아니라 정립-반정립 개념으로 사고하자. 이러한 사고는 종합을 이루는 해답을 얻게 한다.'라고 말했다. 이렇게 함으로써 그는 세계에 변혁을 가져왔다. 헤겔은 지식에 대한 이론과 지식의 한계와 타당성을 논하는 이론인 인식론, 진리와 지식의 문제를 추구하는 방법을 다루는 방법론, 두 가지 면에서 변혁을 야기했다. 이러한 변화는 합리주의적인 인간이 원해서 이루어진 것이 아니라, 수세기 동안 합리주의적 사고가 아무런 소득을 얻지 못한 데서 온 절망에서 불가피하게 발생했다. 한 선택이 이루어졌다. 그리고 이 선택은 합리성을 희생시키고 합리주의를 고수하는 것이었다."

론인 인식론, 진리와 지식의 문제를 추구하는 방법을 다루는 방법론, 두 가지 면에서 변혁을 야기했다.

그는 다음과 같이 말했다. 이제 우리는 더 이상 반정립(antithesis) 개념으로 사고하지 말자. 우리는 정립-반정립(thesis-antithesis) 개념으로 사고하도록 하자. 이러한 사고는 종합(synthesis)을 이루는 해답을 얻게 한다. 이렇게 함으로써 그는 세계에 변혁을 가져왔다. 기독교인들이 자녀를 이해하지 못하는 이유는 자녀들이 부모가 생각하는 것과 동일한 구조틀로 생각하지 않기 때문이다. 그들이 다른 해답을 가지고 나타난 것뿐만이 아니라 방법론도 달라진 것이다.

이러한 변화는 합리주의적인 인간이 원해서 이루어진 것이 아니라, 수 세기 동안 합리주의적 사고가 아무런 소득을 얻지 못한 데서 온 절망에서 불가피하게 발생했다. 한 선택이 이루어졌다. 그리고 이 선택은 합리성을 희생시키고 합리주의를 고수하는 것이었다.

보통 헤겔을 관념론자로 규정하는데, 그것은 지당하다. 그는 어떻든 합리성과 관계있는 하나의 종합을 바랐던 것이다. 그럼에도 불구하고 그는 현대인의 특징으로 향하는 문호를 열었다. 진리로서의 진리는 사라지고 대신 (두 가지 다르는) 종합이 상대주의와 함께 지배하게 된 것이다.

하나님께 반역하는 인간의 기본 입장은 인간이 우주의 중심에 있고 자율적이라는 것이다. 이것이 인간의 반역이다. 인간은 자신의 합리성을 포기하는 한이 있더라도 자신의 합리주의와 반역, 그리고 전적인 자율 혹은 부분적 자율을 고집한다.

키에르케고르와 절망선

헤겔에 이어서 등장하는 키에르케고르(Søren Kierkegaard, 1813-1855)는 레오나르도 다 빈치와 다른 모든 사람들이 부정한 것을 받아들였다는 의미에서 진정한 현대인이다. 그는 통일된 지식의 영역에 대한 희망을 포기하였다. 그 공식은 다음과 같다.

첫째로는,

$$\frac{은총}{자연}$$

둘째로는,

$$\frac{자유}{자연}$$

이제는 다음과 같다.

$$\frac{신앙}{합리성}$$

다음 도식에서 선은 시간을 나타낸다. 위쪽이 먼저 일어난 것이고, 아래로 내려갈수록 나중에 일어난 것이다. 계단은 각기 다른 학문 분야를 의미한다.

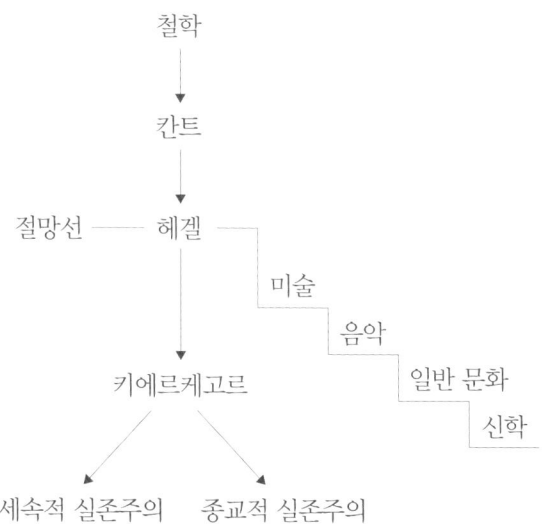

이 새로운 사고 방법은 세 가지 방식으로 퍼져 나갔다.

첫째, 지리적으로 보면 독일에서 네덜란드와 스위스로 퍼져 나가 영국으로 그리고 미국으로 건너갔다. 따라서 영국과 미국은 옛 방식을 훨씬 더 오래 답습했다.

둘째, 그것은 각각 다른 사회 계층으로 퍼져 들어갔다. 지성인들에게 먼저 영향을 끼쳤고, 그 다음에는 대중 매체를 통해 노동자 계층으로 침투해 들어갔다. 그러나 중산층은 이러한 사고방식에 접촉이 없었고 아직도 접촉이 없는 계층이다. 여러 면에서 이 중산층은 종교 개혁의 산물이다. 사실 종교 개혁은 사회 안정의 근원으로 감사히 여겨야 할 것이다.

그러나 이제는 이 중산층의 사람들도 그 안정의 기초를 이해하지 못하는 수가 있다. 그들은 자기들이 왜 옛 방식으로 생각하는지 알지 못한다. 즉 이들은 왜 옛 방식이 타당한지 잊어버리고 오직 관습과 기억에 젖어 행동하고 있는 것이다. 그들은 때때로 올바르게 사고하면서, 즉 진리는 진리, 정의는 정의라는 식으로 생각하면서도, 이에 대한 이유를 알지 못한다. 그러니 진리를 진리라고 하고 정의를 정의라고 하는 식으로 생각하지 않는 20세기의 자녀들을 어떻게 이해할 수 있겠는가?

대다수의 사람들은 아무런 분별없이 대중 매체를 통해 새로운 사고방식을 받아들였다. 영화, TV, 서적, 신문, 잡지 등이 이 새로운 사고방식에 무비판적으로 젖어 있기 때문에 사람들은 이 새로운 사고방식의 침투 공세를 피할 길이 없다. 지식층과 노동층 사이에 이들과는 다른 중산층이 있다. 우리가 당면하는 어려운 문제 중 하나는 대부분의 교회가 이 중산층을 배경으로 한다는 점이다. 그러므로 기독교인들이 자녀들을 이해하지 못하는 이유는, 이들이 그 부모들과는 다른 사고방식을 갖도록 교육받기 때문이다. 자녀들의 사고 내용이 다를 뿐 아니라 사고방식도 다르다. 청소년들의 사고는 '기독교는 참되다.'라고 할 때 이 말을 우리와는 전혀 다르게 이해할 정도로 다르다.

셋째, 이 새로운 사고방식은 도식에 나타난 대로 철학, 미술, 음악, 일반 문화 등 각 분야에 퍼졌으며, 신학에까지 침투했다. 미술에서는 위대한 인상파 화가들, 즉 반 고흐(Vincent van Gogh, 1853-1890), 고갱(Paul

Gauguin, 1848-1903), 세잔(Paul Cézanne, 1839-1906) 등을 들 수 있고, 20세기에 접어들면서 등장하는 후기 인상파 화가들을 들 수 있다. 음악에서는 드뷔시(Claude Debussy, 1862-1918), 문학에서는 엘리엇(T. S. Eliot, 1888-1965) 같은 이를 들 수 있다. 신학에 이 사고방식을 도입한 사람은 카를 바르트(Karl Barth, 1886-1968)이다.[6]

나는 헤겔을 기준으로 도식에 그어 놓은 선을 '절망선'(絶望線)이라고 표현했는데, 그 선 이하에 있는 사람들이 모두 울부짖기 때문에 그런 것이 아니다. 하긴 화가 프랜시스 베이컨(Francis Bacon, 1909-1992)과 같이 절규한 사람도 없지는 않다. 자코메티(Alberto Giacometti, 1901-1966) 같은 이는 울면서 임종을 맞기도 했다.

그러면 여기서 말하는 절망이란 무엇을 말하는가? 그것은 지식과 삶에 대한 통일된 해답을 바라던 희망을 포기하는 데서 오는 절망이다. 현대인은 통일된 해답에 대한 합리적 희망을 저버리는 한이 있더라도 합리주의와 자율적인 반항을 고집한다. 옛날에는 지성인들이 합리성과 통일된 지식의 영역에 대한 희망을 포기하려 하지 않았다. 그러나 현대인은 통일에 대한 희망을 포기하고 절망 가운데서 산다. 이제까지 인간이 갈망하던 것이 전혀 가능하지 않다고 생각하는 절망 가운데 사는 것이다.

---

[6] 『거기 계시는 하나님』(The God Who is There)에서 나는 철학, 미술, 음악, 일반 문화, 신학이 절망선 이하로 내려갈 때부터 현재까지 어떻게 전개되었는지를 자세히 설명했다. **편집자 주.** 프란시스 쉐퍼, 쉐퍼 전집 제1권 『기독교 철학 및 문화관』, 제1권 『거기 계시는 하나님』(서울 : 생명의말씀사, 1994).

키에르케고르의 도약은 통일에 대한 희망을 앗아갔다. 현재 우리에게 남겨진 것은 이와 같은 것이다. 분계선 아래에 합리성과 논리가 있다. 상층부는 비합리적이며 비논리적인 것으로 되어 있어서 양편은 전혀 관련이 없다. 상하층 두 영역을 연결하는 접촉점에 대한 희망이 사라져 버렸다. 양 영역의 침투나 상호 교류란 있을 수 없고, 완전한 이분법이 있을 뿐이다. 다시 말하면 하층부에서 모든 이성을 근거해 볼 때, 인간다운 인간은 벌써 죽었다. 다만 수학, 개별자 그리고 기계가 있을 뿐이다. 인간은 아무런 의미나 목적 혹은 의의를 지니고 있지 않다. 인간다운 인간에 대해서는 비관론이 있을 뿐이다. 그러나 상층부에는 비합리적, 비이성적 도약을 근거로 한 비이성적인 신앙이 있어서 이것이 낙관론을 허용한다. 이것이 바로 현대인의 철저한 이분법이다.

제4장

도약

도약

이 장에서는 키에르케고르(Søren Kierkegaard, 1813-1855)와 그가 말하는 신앙의 도약에 대해 살펴볼 것이다. 우리는 칸트(Immanuel Kant, 1724-1804)에서 자연과 보편자 사이의 틈이 현저하게 벌어지게 되었음을 알게 되었다. 키에르케고르의 도약이 해놓은 일이란 통일에 대한 희망을 앗아간 것이다. 키에르케고르가 물려준 것을 도식화하면 다음과 같다.

낙관론은 비합리적이어야 한다

―――――――――――――――

모든 합리성＝비관론

상하층 두 영역을 연결하는 접촉점에 대한 희망이 사라져 버렸다. 양 영역의 침투나 상호 교류란 있을 수 없고, 완전한 이분법(dichotomy)이 있을 뿐이다. 상하층 사이의 분계선이, 이를테면 철근을 넣어 다진 만 척

두께의 콘크리트 벽이 되어 버렸다.

현재 우리에게 남겨진 것은 이와 같은 것이다. 분계선 아래에 합리성과 논리가 있다. 상층부는 비합리적이며 비논리적인 것으로 되어 있어서 양편은 전혀 관련이 없다. 다시 말하면 하층부에서 모든 이성을 근거해 볼 때, 인간다운 인간은 벌써 죽었다. 다만 수학, 개별자 그리고 기계가 있을 뿐이다. 인간은 아무런 의미나 목적 혹은 의의를 지니고 있지 않다. 인간다운 인간에 대해서는 비관론이 있을 뿐이다. 그러나 상층부에는 비합리적, 비이성적 도약을 근거로 한 비이성적인 신앙이 있어서 이것이 낙관론을 허용한다. 이것이 바로 현대인의 철저한 이분법이다.

기독교 배경이나 중산층 배경에서 성장한 사람들이 당면하는 문제는, 이 분계선의 두께를 런던 대학교나 파리 좌안(左岸)[7]에 사는 20세기 사람

---

7 **편집자 주.** 파리를 가로지르는 센강의 남쪽 지역으로 '강의 왼쪽 기슭'을 의미하는 리브 고슈(Rive Gauche)라고 불린다. 1990년대에 재개발이 이루어지기 전까지는 버려진 철도 부지에 낡은 건물이 늘

들이 느끼듯이 그렇게 쉽사리 감지할 수 없다는 사실이다. 기독교 배경을 가진 우리로서는 상호 교차점이 있으리라고 생각하지만, 우리 시대의 대답은 "천만에, 과거에도 없었고 미래에도 없을 것이다."라는 것이다. 한때 인간은 교차점이 있다고 생각하기도 했으나, 그것은 한낱 환상일 뿐이었다. 모든 이성을 근거할 때 인간은 무의미할 뿐이다. 인간은 합리적이며 논리적인 면에서 볼 때 언제나 죽은 존재이다. 인간이 죽지 않았다고 생각한 것은 망상이었다.

인간은 죽었다는 의미가 바로 이것이다. 살아 있으면서 동시에 죽었다는 의미가 아니다. 인간은 늘 죽은 상태에 있다. 그러나 죽어 있다는 것을 충분히 알지 못했다.[8]

어선 낙후 지역이었으나, 예술가와 작가, 배우, 철학자들이 한데 모여 삶의 낭만을 즐기며 어울렸던 곳이기도 하다.

8 마르크스주의 국가에서는, 국가가 임의적 절대 기준을 만들어, 상세하고 임의적인 절대 기준을 법으로 제시하여 그들의 헤겔적 유물론 안에서 통일성을 부여한다. 예술가들은 처음에는 이 혁명의 지지자였지만, (현대적 사고방식에 기초한 현대 예술 형태와 함께) 억눌러야 할 위협이 되었다. 그 이유는 다음 사항과의 관계에 있어서 국가의 충분성과 그 법에 도전하였기 때문이다. 1. 개인의 의미. 2. 서구에서 그랬던 것처럼 점차 무의미해져 가는 헤겔적 사고로부터 자연적 발전을 제한하려는 시도. 아담 샤프(Adam Schaff, 1913-2006)와 같은 이론가들은 서구의 점증적인 무질서에 빠지지 않고 개인의 의미를 찾는 방법을 찾고 있다. 헤겔적 상대주의는 이제 철의 장막 양편에서 모두 합의에 이르고 있다. 가장 기본적인 의미에서 철의 장막 양편의 상황은 획일적으로, 양편 모두에서 인간은 죽었다. 서구는 공산주의 국가의 정치적 억압과 세뇌를 통한 개인의 의미의 상실을 지적할 수 있을 것이다. 그러나 서구에서도 개인은 의미를 잃고 있다. 그래서 서구에서도 증가하는 무질서를 물리치기 위해 개인에 대한 실제적 억압이 초래되지는 않을까 하는 질문이 제기될 수 있다. 그렇다면 존 갤브레이스(John Kenneth Galbraith, 1908-2006)의 '학문적, 과학적 기득권층으로 이루어진 국가 엘리트'나 앨런 긴즈버그(Allen Ginsberg, 1926-1997)의 인도식 카스트제도 개념을 생각해 볼 수 있을 것이다.

세속적 실존주의

실존주의는 키에르케고르를 기점으로 세속적 실존주의와 종교적 실존주의로 나누어졌다.

세속적 실존주의는 크게 세 가지 흐름으로 분류된다. 프랑스의 사르트르(Jean-Paul Sartre, 1905-1980)와 카뮈(Albert Camus, 1913-1960), 스위스의 야스퍼스(Karl Jaspers, 1883-1969), 그리고 독일의 하이데거(Martin Heidegger, 1889-1976)의 실존주의가 그것이다.

첫째, 사르트르에 의하면 우주는 합리적으로 볼 때 부조리하다. 그러므로 사람은 자신을 자신답게 만들려고 노력하지 않으면 안 된다. 그러면 어떻게 해야 하는가? 의지(will)의 행동으로 자신을 자신답게 함으로써 가능하다.

당신이 자동차를 몰고 가다가 비를 맞고 있는 사람을 발견했을 때 그를 차에 태워 준다고 하자. 그것은 부조리하다. 그것이 무슨 상관인가? 그는 아무것도 아니다. 그 상황 역시 아무것도 아니다. 그러나 차를 몰던 당신은 의지의 행동으로써 자신을 자신답게 했다.

그런데 어려운 문제는 이처럼 자신을 자신답게 하는 데는 아무런 합리적인 혹은 논리적인 내용이 없다는 것이다. 의지의 행동이 어떤 방향으로 발로되든지 모두 동등하다. 따라서 당신이 차를 몰고 가다가 비를 맞고 있는 사람을 보고서 그냥 속력을 더 내어 그 사람을 치었다 해도, 이

무신론적 실존주의를 제창한 프랑스의 실존주의 철학자, 장-폴 사르트르. "사르트르에 의하면 우주는 합리적으로 볼 때 부조리하다. 그러므로 사람은 자신을 자신답게 만들려고 노력하지 않으면 안 된다. 그러면 어떻게 해야 하는가? 의지의 행동으로 자신을 자신답게 함으로써 가능하다. 문제는 자신을 자신답게 하는 데는 아무런 논리적인 내용이 없다는 것이다. 의지의 행동이 어떤 방향으로 발로되든지 모두 동등하다. 차를 몰고 가다가 비를 맞고 있는 사람을 보고 태워 주든지 치어 버리든지 똑같이 자기의 의지로 자신을 자신답게 한 것이다. 이를 이해한다면 이와 같이 절망적인 상태에 처해 있는 현대인을 위해 울 수밖에 없다."

때도 먼젓번 경우와 똑같이 자기의 의지로 자신을 자신답게 한 것이다. 만일 이와 같은 사실을 이해한다면 이와 같이 절망적인 상태에 처해 있는 현대인을 위해 울 수밖에 없다.

둘째, 야스퍼스를 들여다보자. 그는 본래 심리학자로서 '한계 체험'(final experience)을 말한다. 한계 체험이란 어떤 체험이 너무 절실하기 때문에 자신이 존재한다는 확실성과 존재 의의를 파악할 수 있다는 희망을 안겨 준다. 하지만 합리적으로는 인간이 이러한 희망을 도저히 가질 수 없다. 이 한계 체험이 내포하는 문제점은 바로 이 체험이 합리적인 것과는 동떨어진 것이기 때문에 그 체험의 내용을 어느 누구에게나, 심지어 자기

독일 실존 철학의 대표자, 카를 야스퍼스.
"야스퍼스는 본래 심리학자로서 '한계 체험'을 말한다. 한계 체험이란 어떤 체험이 너무 절실하기 때문에 자신이 존재한다는 확실성과 존재 의의를 파악할 수 있다는 희망을 안겨 준다. 하지만 합리적으로는 인간이 이러한 희망을 도저히 가질 수 없다. 이 한계 체험의 문제점은 바로 이 체험이 합리적인 것과는 동떨어진 것이기 때문에 그 체험의 내용을 어느 누구에게도 전달할 길이 없다는 점이다. 또한 이 한계 체험은 얻을 준비를 갖춘다고 해서 얻게 되는 것도 아니다. 한계 체험을 스스로 얻는 길은 없다. 한계 체험은 한층 높은 범주에 속하는 것으로 그것은 다만 찾아올 뿐이다."

자신에게도 전달할 길이 없다는 점이다.

암스테르담 자유 대학교에서 온 어떤 학생이 이러한 체험에 매달렸다. 어느 날 밤 그가 『푸른 목장』(The Green Pastures)이라는 연극을 관람했을 때, 마침내 삶은 어떤 의미를 가지고 있음이 틀림없다는 느낌이 들었다. 이것이 그가 말하는 체험이었다. 2년 후에 내가 그 학생을 만났을 때 그는 거의 자살할 지경에 있었다. 한 번 한 체험을 되풀이하지 않는 한, 자신에게조차 의사 전달을 할 수 없는 그러한 체험을 의지하여 삶의 의미를 찾으려 하는 모습을 생각해 보라. 내일까지는 그러한 느낌이 생생할 수도 있겠으나, 2주일 후, 2개월 후 또는 2년 후에는 어떻게 될 것인가?

이러한 한계 체험에만 근거한 희망이란 얼마나 절망적인가!

그뿐 아니라, 이 한계 체험은 얻을 준비를 갖춘다고 해서 얻게 되는 것도 아니다. 그래서 야스퍼스는 (자살을 시도하지 않을까 염려되는) 그의 수제자들에게 스스로 목숨을 끊어서 한계 체험을 얻는다는 것은 확신할 수 없는 일이라고 하였다. 한계 체험을 스스로 얻는 길은 없다. 한계 체험은 한층 높은 범주에 속하는 것으로 그것은 다만 찾아올 뿐이다.

셋째, 우리는 하이데거가 말하는 소위 '불안'(Angst)을 가지고 있다. 불안이 바로 두려움은 아니다. 왜냐하면 두려움은 어떤 대상을 가지고 있기 때문이다. 그러나 불안은 막연한 두려움의 감정, 즉 도깨비라도 나옴직한 집에 들어설 때 느끼는 것과 같은 불편한 느낌이다. 하이데거는 만사를 이러한 유의 근본적인 불안에 결부시킨다. 그러므로 우리가 상층부를 표현하려고 사용하는 용어도 마찬가지이다. 이러한 사상은 결국 도약에 근거한다. 여기서 희망은 합리적인 하층부와 분리되어 있다.

오늘날 고전적 의미의 철학은 존재하지 않는다. 다시 말하면 반(反)철학이 있을 뿐이다. 이제 사람들은 중대한 의문에 대한 합리적인 해답을 얻으리라고 생각조차 하지 않는다.

앵글로색슨계의 언어 철학자들은 철학을 보다 좁은 영역에 제한함으로써 큰 의문점을 스스로 외면한다. 그들은 단어의 정의(定義, definition)에 관심을 기울임으로써 자신들의 활동을 하층부에 국한시킨다. 그런가 하면 실존주의자들은 큰 의문점들을 다룬다는 점에서 고전적 개념의 철학

실존주의적 존재론을 전개한 독일의 철학자, 마르틴 하이데거. "우리는 하이데거가 말하는 소위 '불안'을 가지고 있다. 불안이 바로 두려움은 아니다. 왜냐하면 두려움은 어떤 대상을 가지고 있기 때문이다. 그러나 불안은 막연한 두려움의 감정, 즉 도깨비라도 나옴직한 집에 들어설 때 느끼는 것과 같은 불편한 느낌이다. 하이데거는 만사를 이러한 유의 근본적인 불안에 결부시킨다. 그러므로 우리가 상층부를 표현하려고 사용하는 용어도 마찬가지이다. 이러한 사상은 결국 도약에 근거한다. 여기서 희망은 합리적인 하층부와 분리되어 있다."

에 집착한다고 할 수 있다. 그러나 이들은 합리성과 희망 사이의 완전한 이분법을 인정함으로써 그렇게 한다.

현대인을 현대인이게 하는 것은 이 이분법이지, 도약을 통해 상층부에 늘어놓은 것들이 아니다. 세속적이든 종교적이든 그 어떠한 표현을 상층부에 늘어놓더라도 그것이 이러한 이분법에 근거한다면 대동소이하다. 이 이분법이야말로 인본주의적인 통일에 대한 희망을 가지고 있던 르네상스 시대의 사람과 현대인을 구별할 수 있는 특징인 동시에, 성경 계시의 내용을 근거로 상하층의 합리적 통일을 실제로 소유했던 종교 개혁 시대의 사람과도 구별할 수 있게 하는 현대인의 특징이다.

종교적 실존주의

세속적 실존주의에서 나타나는 것과 동일한 일반적인 양상이 카를 바르트(Karl Barth, 1886-1968)의 사상과 그의 사상의 연장인 신신학에도 나타난다. 그에 의하면 상하층의 합리적 교차점은 없다. 그는 죽을 때까지 고등 비평 이론을 지지했는데, 성경은 오류를 내포하고 있으나 어쨌든 우리는 그것을 믿어야 한다고 주장했다. 성경은 오류를 내포하고 있으나 어쨌든 '종교적인 말씀'이 그 성경에서 나온다는 것이 그의 입장이다. '종교적 진리'는 성경의 역사적 진리와 분리되어 있다. 그러므로 이성이 설 자리도 없고 검증의 가능성도 없다. 이리하여 종교적인 도약이 이루어진다.

아퀴나스는 하층부에 독립된 한 인간을 등장시켰다. 즉 성경으로부터 자율적인 자연 신학과 철학을 도입했던 것이다. 이로 인해 세속적인 사고에서는 모든 희망을 비합리적인 상층부에 둘 수밖에 없다. 마찬가지로 신정통주의 신학에서는 인간이 도약하지 않을 수 없는데, 인간은 전인(全人)으로서 합리적인 것의 영역에서는 하나님을 찾기 위해 할 수 있는 일이 없기 때문이다. 신정통주의 신학에서 말하는 인간은 성경이 가르치는 타락한 인간보다 더 못하다.

종교 개혁자들과 성경은 인간이 자신을 구원하기 위해 아무 일도 할 수 없다고 말하지만, 인간은 이성을 사용하여 '종교적 진리'는 물론 역사와 우주를 취급하는 성경을 탐구할 수는 있다. 인간은 이성이 있는 전인으로서 성경을 탐구할 수 있을 뿐 아니라 또한 그럴 책임도 있다.

종교적이며 영적인 문제에 있어서 성경이 가르치는 것을 분리하는 것, 즉 성경은 검증될 수 있으나 오류를 포함한다고 말하는 반면에 이 영역에서 권위가 있다고 하는 것은 비합리주의의 핵심이다. 이것은 급진적인 신학 용어를 사용하는 사람들이나 보수적인 신학 용어를 사용하는 사람들이나 마찬가지이다. 이러한 경우 신앙은 이성으로부터 분리된다. 그것은 현대인의 일반적인 사고방식을 종교적으로 표현한 것이다.

상층부에 여러 단어들이 열거되고 있으나 그것이 근본 체계를 바꾸지는 않는다. 체계에 관한 한 종교적인 용어를 사용하거나 세속적인 용어를 사용하거나 하등의 차이가 없다. 여기에서 특별히 주목해야 할 중요한 점은 도약의 필요성을 강조하는 키에르케고르 철학의 생각이 형태만 바꾸어 끊임없이 나타난다는 사실이다.

합리적이며 논리적인 것은 비합리적이며 비논리적인 것과 전적으로 분리되어 있기 때문에 도약은 전체적일 수밖에 없다. 신앙은 그것이 세속적인 용어로 표현되든지 종교적인 용어로 표현되든지 간에 아무 검증이 없는 도약이 된다. 왜냐하면 신앙은 논리적인 것이나 이성적인 것과 완전히 분리되어 있기 때문이다. 이러한 근거에서 우리는 이제 신신학자들이 비록 성경이 자연과 역사의 부문에서 보면 오류투성이이지만 아무 상관이 없다고 말할 수 있게 되는 경위를 알 수 있다.

우리가 무슨 용어를 사용하든지 상관이 없다. 도약은 현대인의 사상 모든 영역에 보편화되어 있다. 인간은 단순히 기계로 살 수 없기 때문에 이러한 도약이라는 절망을 어쩔 수 없이 갖게 마련이다. 회화, 음악, 소설, 드라마, 종교 등 그 어느 것으로 표현되든 바로 이러한 인간이 현대인이다.

신신학

신신학(新神學, new theology)에서는 정의된 단어(defined words)를 분계선 아래에 둔다.

비합리적 – 내포적 단어
―――――――――――
합리적 – 정의된 단어

신신학자는 분계선 위에는 정의되지 않은 단어(undefined words)를 둔다. 이 '도약의 신학'은 매사를 정의되지 않은 말로 다룬다. 예를 들면 틸리히(Paul Tillich, 1886-1965)는 '하나님 뒤에 계시는 하나님'(God behind God)이라는 말을 쓰는데, 두 번째 나오는 '하나님'은 전혀 정의되지 않은 말이다. 과학과 역사 분야에서 정의된 단어들은 분계선 아래에 두고, 분계선 위에는 내포적 단어들만 둔다. 이 내포적 단어들의 가치는 그것들이 정의되지 않았다는 사실에 있다.

신신학은 세속적 실존주의보다 유리한 점이 있다. 왜냐하면 신신학은 인류의 기억 속에 뿌리박혀 있는 강한 내포적 단어들, 즉 '부활'이니 '십자가'니 '그리스도'니 '예수'니 하는 등등의 말을 사용하기 때문이다. 그런데 이러한 단어는 대화의 미궁(迷宮)에 빠져들게 하는 데에 안성맞춤이다. 이런 말들은 사람들을 대화의 미궁으로 이끈다는 점과 이와 같은 단어의 내포를 따르는 사람들의 강한 반응 때문에 신신학자들에게 중요한 의미를 가진다. 이것이 신신학이 세속적 실존주의와 현대의 세속적 신비주의에 비하여 유리한 점이라고 할 수 있다.

사람들이 '예수'라는 말을 듣고 그것에 따라 행동한다. 그러나 그 말은 결코 정의되지 않는다. 이러한 말들은 언제나 비합리적이며 비논리적인 영역에서 사용된다. 이것들은 역사와 우주로부터 격리되어 있으므로 하층부에 있는 이성이 검증할 도리가 없다. 따라서 상층부에 무엇이 있다는 확증도 없다.

우리는 이것이 모든 희망을 합리성의 영역에서 제거하는, 즉 상하층을 분리시키는 절망적 행위임을 이해할 필요가 있다. 이것은 절망의 행위다. 종교적인 말들을 사용한다고 하여 달라지지 않느다.

상층부 경험

하나님의 형상대로 지음받은 인간이 아무것도 아닌 양 살 수는 없다. 그러므로 인간은 상층부에 온갖 종류의 절실한 것들을 나열한다. 상층부에 무엇을 두든 마찬가지라는 점을 설명하기 위해 상층부에 열거된 것들이 얼마나 많은가를 보여 줄 필요가 있겠다. 이미 사르트르의 '실존적 체험'과 야스퍼스의 '한계 체험', 하이데거의 '불안' 등을 예로 들었다. 합리성과 논리에 관한 한 어느 경우든 인간은 죽었다.

올더스 헉슬리(Aldous Huxley, 1894-1963)는 이러한 사고방식에 엄청난 생각을 더하였다. 그는 '제일의 체험'(first-order experience)이라는 말을 사용한다. 그는 이러한 '제일의 체험'을 얻기 위하여 약물 사용을 주장했다. 나는 LSD 환각제를 사용하는 많은 지성인들을 상대해 본 경험이 있는데, 거의 모두가 헉슬리의 '제일의 체험'에 대한 이론과 관계가 있다는 것을 발견했다.

문제는 하층부(자연)에서는 삶이 무의미하다는 데에 있다. 1960년대에 사람들은 합리성의 세계와는 무관한 신비한 경험을 가져 보겠다고 약물을 사용했다.

이미 본 바와 같이 야스퍼스는 이러한 체험이 노력으로 되지 않는다고 말한다. 그러나 헉슬리는 약물을 사용함으로써 이러한 경험을 얻을 수 있다는 희망을 건다. 그래서 사람들은 우리의 문화를 티모시 리어리

(Timothy Leary, 1920-1996)의 말을 빌려 '허구의 사회'(fake-prop-set society)라고 단정하고는 역시 약물을 의지한다.

오늘날 사람들이 약물을 취하는 근본적인 원인은 도피나 반항에 있는 것이 아니라 절망에 있다. 합리성과 논리를 근거로 볼 때 인간은 무의미하며 따라서 문화도 역시 무의미하다. 그러므로 사람들은 '제일의 체험'에서 해답을 찾으려고 발버둥친다. 1960년대의 약물 만연의 이면에는 이와 같은 이유가 있다.

또 이것은 오랜 세월 동안 이루어진 범신론과도 관계가 있다. 동양의 신비 종교에서는 종교적 체험을 얻고자 대마초라는 마약을 수세기 동안 써 왔다. 이와 같은 풍조가 우리에게는 새로운 것이기는 하나 실상은 하나도 새로운 것이 아니다.

올더스 헉슬리는『인본주의의 얼개』(The Humanist Frame)[9]의 마지막 장을 죽기 직전에 썼는데, 여전히 '건강한 사람'에게 '제일의 체험'을 위하여 약물을 사용해 보라고 호소한다. 이것이 그의 소망이었다.

일단 상하층의 이분법을 수긍한다면 상층부에 무엇을 두든지 하등의 차이가 없다는 사실에 대한 또 하나의 예가 낙관주의적인 진화론적 인본주의(Optimistic Evolutionary Humanism)이다. 이 사상은 줄리언 헉슬리(Julian Huxley, 1887-1975)가 주창한 것이다. 이 낙관주의적인 진화론적 인본주의

---

9 Julian Huxley ed., *The Humanist Frame* (London : Allen and Unwin, 1961).

는 아무런 합리적 근거가 없다. 이것의 희망은 항상 '내일'(mañana)이라는 도약에 근거를 둔다. 사람은 확증을 얻기 위해 항상 내일을 기다리는데, 이러한 낙관론은 하나의 도약이다. 그러므로 대학에서 세뇌를 당하여 인본주의자들이 내세우는 슬로건의 낙관주의적인 면에 어떤 합리적 근거가 있는 것처럼 생각하는 것은 어리석은 짓이다. 그들에게는 그러한 근거가 없다. 그들이야말로 비합리적이다.

줄리언 헉슬리 자신이 실제로 이것을 수긍했다. 사람들이 신이 있다고 생각한다면 기능을 더 잘 발휘할 수 있을 것이라는 기본 명제를 그가 설정한 것을 보면 알 수 있다. 헉슬리에 의하면, 신은 없지만 그냥 신이 있다고 하자는 것이다. 다시 말하면 올더스 헉슬리가 약물을 의지한 것처럼, 줄리언 헉슬리는 종교적인 도약에 기대를 건 것이다. 물론 그에게는 신이 없기 때문에 이것은 거짓이다. 그가 테야르 드 샤르댕(Pierre Teilhard de Chardin, 1881-1955)의 『인간의 현상』(The Phenomenon of Man)[10]의 서문을 쓴 것은 상궤를 벗어난 일이 아니다. 이들은 모두 도약을 말한다.

그런데 이분법과 도약을 받아들이는 한 비종교적 용어 대신 종교적 용어를 사용해도 아무런 차이가 없다. 어떤 이론들은 우리의 생각과 너무나 동떨어져 아연할 정도이고, 또 어떤 것은 상당히 가까운 것처럼 보인다. 그러나 근본적인 차이는 없다.

---

10 Pierre Teilhard de Chardin, *The Phenomenon of Man* (London : Collins ; New York : Harper and Row, 1959).

BBC의 제3방송 프로그램에서 앤터니 플루(Antony Flew, 1923-2010)가 '도덕은 반드시 유익한가?'(Must Morality Pay?)[11]라는 문제로 연설한 적이 있다. 그는 방송을 통해 도덕은 유익한 것이 아니라는 자신의 전제를 설명하려고 했다. 그럼에도 불구하고 그는 그의 지론을 견지할 수가 없었다. 연설의 막바지에서, 그는 갑자기 도덕은 유익한 것이 아니라고 했음에도 불구하고 사람은 너무 양심적일 정도로 어리석지는 않다는 생각을 막연히 제시했던 것이다. 왜 사람이 양심적일 정도로 어리석지 않은가에 대한 근거를 제시하지 않았을 뿐 아니라 '양심적'이라는 말이 무엇을 의미하는지를 규정한 규범도 없는 이상, 그의 발언은 굉장한 도약이라고 하지 않을 수 없다.

분명한 것은 합리주의자나 인본주의자가 기독교는 충분히 합리적인 종교가 아니라고 전제하고 시작한다는 것이다. 이제 그는 먼 길을 우회하고 와서는, 특수한 의미의 신비이기는 하지만, 그 자신이 신비적인 사람이 됨으로써 종결을 짓는다. 그는 신비주의자이기는 하지만 아무도 존재하지 않는다고 말하는 신비주의자이다. 과거의 신비주의자는 누군가가 존재한다고 항상 말했으나, 이 새로운 신비주의자는 신앙이 중요하므로 누가 있든 없든 상관이 없다는 것이다. 세속적인 말로 표현되든 종교적인 말로 표현되든 그것은 '신앙'을 믿는 신앙이다.

---

11 *The Listener*, 13 October 1966.

도약이란 실재이지 결코 도약을 표현하는 용어가 아니다. 언어 표현(verbalization), 즉 상징체계는 변할 수 있다. 그 체계가 종교적이든 비종교적이든 또는 같은 말을 쓰든 다른 말을 쓰든, 그런 것은 부수적이다. 현대인은 도약함으로써 합리성을 떠나고 이성을 떠나, 상층부에서 해답을 찾는 데 열중한다.

언어 분석과 도약

일전에 나는 영국의 어느 한 대학교에서 토론회를 가진 일이 있는데, 그곳은 기독교인에 대하여 심하게 공격하는 언어 철학자들의 보루였다. 이 중 몇 사람이 토론회에 참석했었다. 토론이 진행됨에 따라 그들의 주장이 그르다는 것이 명백히 드러나게 되었다. 그들은 분계선 하층부 영역에서는 당당하게 단어의 이성적인 정의를 내렸다. 그러다가 갑자기 분계선 위의 낙관주의적인 진화론적 인본주의로 도약하여 자기들의 영역에서 쌓아 온 권위를 바탕으로 기독교를 공격했다.

그중에 어떤 이들은 단어의 정의를 합리적으로 내리는 것으로 명성이 높았으나, 그때 그들은 도약하여 언어 분석(linguistic analysis)이라는 하층부 영역과는 아무런 관계가 없는 인본주의를 근거로 기독교를 공격함으로써 가면을 벗어던졌다.

앞에서 말한 바와 같이 언어 분석은 철학에 대한 자기들 나름의 개념에 스스로를 한정시킨다는 의미에서 일종의 반(反)철학이다. 그들은 고전철학이 항상 묻던 큰 문제들은 더 이상 언급하지 않는다. 따라서 이러한 큰 문제의 분야에 대하여 그들이 말하는 그 어떤 것도 자기들의 학문이나 그들이 가지고 있는 권위와는 아무런 관계가 없다.

오늘날 실존주의와 '정의(定義)하는 철학'(defining philosophy)은 반철학이 되었고, 참다운 철학적 표현은 철학하는 자리에 있지 않은 사람들, 즉 소설가, 영화 제작자, 재즈 음악가, 히피 그리고 심지어는 폭력을 일삼는 청소년 갱들에게 양도되고 있는 경향이니 흥미로운 일이 아닐 수 없다. 이들이야말로 우리 시대의 중대 문제를 묻고 그것과 씨름하는 사람들이다.

"앙드레 말로의 작품은 근본적인 반인본주의와 자애를 향한 비합리적인 갈망 또는 합리적으로 정당화될 수 없는 인간 위주의 선택, 두 입장으로 분열되고 있다." 말로는 합리적 근거가 없는 예술의 어떤 것을 상층부에 두고 있는 것이다. 그것은 합리성에서 떠난 한 인간의 갈망이다. 합리성을 근거로 보면 인간에게는 아무런 희망이 없다. 그런데도 사람들은 예술이 희망을 주기라도 하는 듯이 생각한다. 예술은 하나의 통합점, 하나의 도약, 자유에 대한 하나의 희망을 안겨 준다. 그러나 그것이 거짓이라는 것을 우리의 지성은 안다. 인간은 저주를 받았으며 인간도 이 사실을 안다. 그럼에도 불구하고 예술에 기대면서, 이성으로는 거기에 없다는 것을 알면서도 희망을 가지려고 애쓴다.

제5장

상층부로 도약하는 예술

상층부로 도약하는 예술

우리는 루소(Jean-Jacques Rousseau, 1712-1778) 때부터 자연과 자유 사이에 이분법이 이루어지는 것을 고찰하였다. 자연은 기계의 포로가 되어 절망적인 상태에 빠진 인간과 더불어 결정론과 기계를 대표하기에 이르렀다. 그 이후로 우리는 인간이 상층부에서 자유를 얻기 위해 애쓰는 것을 본다. 이때 추구하는 자유는 무제한의 절대적 자유이다. 인간을 규제할 하나님은 없고 심지어 보편자도 없다. 그러므로 개인은 전적인 자유를 가지고 자신을 표현하려고 한다. 그러면서도 그는 동시에 기계 속에 빠지는 저주를 느낀다.

이것이 바로 현대인의 갈등이다.

예술 분야는 이러한 갈등을 다양하게 드러낸다. 이러한 갈등은 현대 예술의 대부분이 인간이 무엇인가에 대한 자기 표현으로서는 너무 추하다는 흥미로운 사실을 부분적으로 설명해 준다. 자신은 하나님의 형상대로 지음을 받아 훌륭하지만 지금은 타락한 인간의 성품을 표현하고 있다는 것을 알지 못한다. 인간이 자율적인 방식으로 자신의 자유를 표현하려고 애쓰기 때문에, 그의 예술의 전부는 아니라 할지라도 많은 부분이 무의미하고 추하게 된다.

이와는 대조적으로 많은 산업 디자인이 진정한 아름다움으로 더욱 정연해지고 있다. 일부 산업 디자인에서 아름다움이 발전한 이유는 존재하는 사물의 곡선을, 다시 말하면 우주의 형상을 따르기 때문이라고 생각한다.

이것은 또한 이와 같은 과학이 자율적으로 자유로운 것이 아니라 존재하는 사물을 있는 그대로 표현해야 함을 실증한다. 비록 과학자가 모든 것이 무질서하고 무의미하다고 말하더라도, 그가 일단 우주 안에 들어가면 자기의 철학 체계가 어떻든 제한을 받게 마련이다. 왜냐하면 자기가 발견하는 것을 따르지 않을 수 없기 때문이다. 만일 그렇게 하지 않는다면 과학은 한낱 공상 과학 소설에 지나지 않을 것이다. 산업 디자인 역시 과학과 마찬가지로 우주의 형상을 따르게 마련이어서 흔히, 인간의 반역과 추악함과 절망을 표현하는 예술보다 더 아름답다.

우리는 이제 상층부로 도약하는 예술의 여러 가지 표현 중 몇 가지를 살펴보기로 하자.

시(詩) : 후기의 하이데거

하이데거(Martin Heidegger, 1889-1976)는 70세 이후, 자신의 실존주의를 받아들일 수 없어서 철학적 입장을 바꾸었다. 『철학이란 무엇인가?』(What Is Philosophy?)[12]에서 그는 "그러나 시인의 말을 들어 보라."라는 권유로 말을 맺는다. 그가 "시인의 말을 들어 보라."라고 한 것은 시인이 이야기하는 내용을 들어 보라는 의미가 아니다. 내용이란 무형의 것이어서 하나의 내용이 여섯 사람의 시인이 제각기 서로 상반되는 말을 하는 것으로도 들린다. 내용은 합리성의 영역, 즉 하층부에 속하는 것이기 때문에 상관이 없다. 문제는 시(詩)라는 어떤 것이 존재한다는 사실이며, 또한 시가 상층부에 속한다는 것이다.

하이데거의 입장은 다음과 같다. 존재의 한 부분은 말을 하는 존재, 인간이다. 결국 우주에 말이 있기 때문에 존재자, 즉 존재하는 것에 어떤 의

---

12 Martin Heidegger, *What Is Philosophy?* (London : Vision Press, 1958).

미가 있으리라는 희망을 가진다. 시인이 존재한다고 주목한다면, 단순히 존재한다는 그 사실로써 시인은 예언자가 된다. 시는 우리에게 합리적으로나 논리적으로 아는 것 이상의 삶이 있다는 희망을 주기 때문이다.

그렇다면 아무 내용이 없는 비합리적인 상층부의 예를 또 하나 들기로 하자.

예술 : 앙드레 말로

말로(André Malraux, 1901-1976)는 재미있는 사람이다. 그는 실존주의를 거쳐 레지스탕스에 가담하여 싸웠고, 약물을 복용했는가 하면 때로는 거칠고 난잡한 생활을 하다가 마지막에는 프랑스 문화부 장관이 되었다. 그는 그의 책 『침묵의 소리』(The Voices of Silence)[13]의 마지막 장 제목을 '절대 기준의 여파'(Aftermath of the Absolute)라고 했는데, 여기를 보면 현대인이 절대 기준에 대한 희망을 상실함으로 야기된 변화를 그가 잘 이해하고 있음을 알 수 있다.

현재 많은 책들이 그를 받아들이려는 추세이다. 『뉴욕 서평』(The New York Review of Books)[14]지에서도 몇 권을 소개하면서 다음과 같이 평한다. "말로의 모든 작품은 적어도 두 입장으로 분열되고 있다. 두 입장이란 근

---

[13] André Malraux, *The Voices of Silence* (London : Secker and Warburg, 1954).
[14] *The New York Review of Books*, 6 October 1966.

'행동하는 지식인'으로 불린 프랑스의 작가이자 정치가, 앙드레 말로. "말로는 실존주의를 거쳐 레지스탕스에 가담하여 싸웠고, 약물을 복용했는가 하면 때로는 거칠고 난잡한 생활을 하다가 마지막에는 프랑스 문화부 장관이 되었다. 그의 책 『침묵의 소리』 마지막 장을 보면 현대인이 절대 기준에 대한 희망을 상실함으로 야기된 변화를 그가 잘 이해하고 있음을 알 수 있다. 말로의 모든 작품은 근본적인 반인본주의와 자애를 향한 비합리적인 갈망 또는 합리적으로 정당화될 수 없는 인간 위주의 선택, 두 입장으로 분열되고 있다. 즉 그는 합리적 근거가 없는 예술의 어떤 것을 상층부에 두고 있는 것이다."

본적인 반인본주의(anti-humanism, 이것은 상황에 따라 지적 자만 및 권력욕, 에로티시즘 등으로 나타난다)와 자애를 향한 궁극적으로 비합리적인 갈망 또는 합리적으로 정당화될 수 없는 인간 위주의 선택이다."

다시 말하면 말로에게는 분열이 있다는 것이다. 즉 그는 합리적 근거가 없는 예술의 어떤 것을 상층부에 두고 있는 것이다. 그것은 합리성에서 떠난 한 인간의 갈망이다.

합리성을 근거로 보면 인간에게는 아무런 희망이 없다. 그런데도 사람들은 예술이 희망을 주기라도 하는 듯이 생각한다. 예술은 하나의 통합점, 하나의 도약, 자유에 대한 하나의 희망을 안겨 준다. 그러나 그것이 거짓이라는 것을 우리의 지성은 안다. 인간은 저주를 받았으며 인간도 이 사실을 안다. 그럼에도 불구하고 예술에 기대면서, 이성으로는 거기에 없다는 것을 알면서도 희망을 가지려고 애쓴다.

이어서 이 서평자는 "말로는 예술의 영원성 속에서 인간의 정체를 보도록 자신과 다른 사람들에게 힘차게 요구함으로써 이러한 절망을 극복하고 있다."라고 말한다. 그러므로 말로의 모든 노력은 그의 소설이든, 예술사이든, 프랑스 문화부 장관으로 한 일이든 이러한 단절과 도약에 대한 위대한 표현이다.

우리들 주변에 있는 이분법과 도약이라는 체계는 획일적인 체계이다. 영국의 허버트 리드(Herbert Read, 1893-1968)도 같은 범주에 속한다. 『현대예술의 철학』(The Philosophy of Modern Art)[15]에서 그가 고갱에 관하여 "고갱은 (화가로서) 창조주에 대한 인간의 사랑을 미에 대한 사랑으로 대신했다."라고 한 것은 자기도 이 사실을 이해하고 있음을 보여 준다.

그러나 이렇게 이해하면서도 이성은 예술의 신비적 해석에 이론적으로 뿐만 아니라 내일을 위한 교육의 출발점으로서도 자리를 내주어야 한다고 말한다.[16] 허버트 리드도 예술을 도약으로서 얻을 수 있는 해답이라고 제시하는 것이다.

---

15 Herbert Read, *The Philosophy of Modern Art* (London : Faber, 1952).
16 'Whatever Happened to the Great Simplicities?,' *Saturday Review*, 18 February 1967.

피카소

또 하나의 예를 피카소(Pablo Picasso, 1881-1973)에서 보기로 하자. 그는 보편자를 추상이라는 방법을 써서 창조하려고 시도했다. 그의 추상화는 노란 머리인지 거무스레한 머리인지를 분간한다거나 남녀를 구별하거나 심지어는 사람과 책상을 분별하는 것이 불가능할 정도로 극단적이다.

추상파 미술은 자기의 캔버스 위에 자기 자신의 우주를 만들 정도로, 즉 자기가 캔버스 위에서 스스로 신이 되어 노는 듯한 생각을 할 정도로 발전했다. 그러나 피카소는 개별자가 아닌 보편자를 그리자 현대인의 딜레마의 하나인 의사소통의 상실에 빠져 버리고 말았다. 그림 앞에 선 사람은 그 그림과 대화를 하지 못한다. 그 사람은 주제가 무엇인지 모른다. 자기가 무엇을 말하고 있는지를 아무도 모르는데, 캔버스 위에서 신이 된들 무슨 소용이 있겠는가!

그러나 피카소가 사랑에 빠졌을 때의 작품을 보면 깨닫게 하는 바가 많다. 그는 캔버스에 "나는 에바를 사랑한다."(J'aime Eva)라고 쓰기 시작했다. 그러면서부터 갑자기 그와 그의 그림을 보는 사람들 사이에는 대화가 열렸다. 그러나 이것은 어디까지나 비합리적인 의 사소통이었다. 우리가 이해할 수 있는 것은 그가 에바를 사랑한다는 근거에서 성립된 대화이지 그 그림의 주제에 관한 대화는 아니었다. 여기에도 도약이 있음을 본다.

이성을 근거로 볼 때, 화가가 자기 자신의 보편자를 창조하려고 합리적으로 노력하면 대화는 상실된다. 그러나 화가의 입장의 합리성과는 모순되는 도약 속에서 대화가 회복된다. 그는 아직 인간이기 때문에 도약하지 않으면 안 되며, 사랑할 때는 더욱 그렇다.

그때 이후로 피카소의 작품을 이해하고, 그가 사랑을 하고 하지 않음에 따라 변하는 그림의 곡선을 파악하는 일이 가능해졌다. 예를 들면 후에 올가(Olga S. Khokhlova, 1891-1955)를 사랑하여 그녀와 결혼했을 때 피카소는 그녀를 지극히 인간적으로 그렸다. 그렇다고 피카소의 다른 작품들이 위대하지 않다고 말하는 것이 아니다. 그는 실로 위대한 화가이다. 그러나 그는 길 잃은 인간이다. 보편자를 성취하려고 시도했던 일을 이루지 못했고, 그 후 그의 전 생애는 갈등의 연속이었다.

그가 올가를 사랑하지 않게 되자 그의 그림은 다시 변했다. 몇 해 후 나는 그가 자클린(Jacqueline Roque, 1927-1986)과 사랑에 빠졌을 때 내놓은 작품들을 보았다. 그때 나는 '피카소가 새로운 시대로 접어들었나 보군. 이 여자를 사랑하고 있군.' 하고 생각했다. 나의 추측은 적중하여 얼마 후 그는 이 여자와 결혼했다. 이것이 그의 두 번째 결혼이었다.

이와 같이 그는 올가와 자클린을 그린 그림에서는 대부분의 다른 작품에서와는 상반되는 양식으로 자기 그림의 상징체계에서 비합리적으로 도약한다. 하지만 이것은 다른 사람들이 언어로 표현하는 바와 동일한 도약이다.

피카소의 첫 번째 부인, 올가 코클로바(1918년 봄, 좌측). 『안락의자에 앉은 올가』, 파블로 피카소 作 (1918년 봄, 우측). 좌측 사진의 구도 그대로 사실적으로 묘사되어 있다. "피카소는 보편자를 추상 이라는 방법을 써서 창조하려고 시도했다. 그의 추상화는 남녀를 구별하거나 심지어는 사람과 책상 을 분별하는 것이 불가능할 정도로 극단적이다. 그림 앞에 선 사람은 그 그림과 대화를 하지 못한 다. 그 사람은 주제가 무엇인지 모른다. 그런데 피카소가 사랑에 빠져 캔버스에 '나는 에바를 사랑 한다.'라고 쓰기 시작하면서부터 갑자기 그와 그의 그림을 보는 사람들 사이에는 대화가 열렸다. 그 러나 이것은 어디까지나 비합리적인 의사소통이었다. 우리가 이해할 수 있는 것은 그가 에바를 사 랑한다는 근거에서 성립된 대화이지 그 그림의 주제에 관한 대화는 아니었다. 여기에도 도약이 있

음을 본다. 이성을 근거로 볼 때, 화가가 자기 자신의 보편자를 창조하려고 합리적으로 노력하면 대화는 상실된다. 그러나 화가의 입장의 합리성과는 모순되는 도약 속에서 대화가 회복된다. 그는 아직 인간이기 때문에 도약하지 않으면 안 되며, 사랑할 때는 더욱 그렇다. 그때 이후로 피카소의 작품을 이해하고, 그가 사랑을 하고 하지 않음에 따라 변하는 그림의 곡선을 파악하는 일이 가능해졌다. 예를 들면 후에 올가를 사랑하여 그녀와 결혼했을 때 피카소는 그녀를 지극히 인간적으로 그렸다. 그렇다고 피카소의 다른 작품들이 위대하지 않다고 말하는 것이 아니다. 그는 실로 위대한 화가이다. 그러나 그는 길 잃은 인간이다. 보편자를 성취하려고 시도했던 일을 이루지 못했고, 그 후 그의 전 생애는 갈등의 연속이었다."

살바도르 달리(Salvador Dalí, 1904-1989)도 마찬가지로 내포적인 기독교 미술의 상징들을 그림으로써 자기의 옛 초현실주의에서 새로운 신비주의로 도약했다. 그의 후기 작품에서는 기독교의 상징들이, 신신학에서처럼 언어로 표현되지 않고 내포적 효과를 이용하여 그려져 있다. 이것은 도약을 근거로 한다. 그렇게 기독교 상징의 내포적 효과를 사용함으로써 의사소통의 환상이 이루어진다.

번스타인

우리는 오늘날 이분법과 도약이라는 거의 획일적인 개념에 직면하고 있으며, 또한 일단 도약을 수긍하고 보면 그 무엇을 상층부에 두든지, 어떠한 용어로 혹은 어떠한 상징체계로 상층부를 표현하든지 간에 사실상 아무런 차이가 없다는 것을 말하고 있다. 예를 들면 레너드 번스타인(Leonard Bernstein, 1918-1990)은 그의 작품 『교향곡 3번, 카디시』(Symphony No. 3, Kaddish)[17]에서 음악이 상층부로 인도하는 희망이라고 암시했다.

현대인의 본질은 어떠한 언어나 상징들을 사용하든지 이 두 영역을 받아들이는 데에 있다.

이성의 영역에서 보면 인간은 죽었다. 그리고 인간의 유일한 희망은

---

17 *Symphony No. 3, Kaddish* (Columbia KL 6005 or KS 6005, 1963).

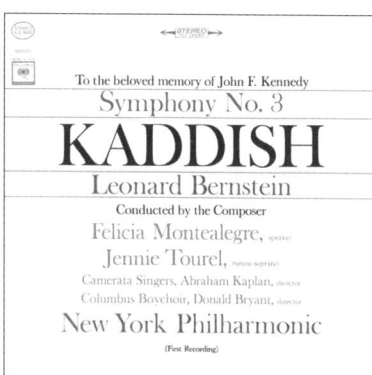

1963년에 발매된 『교향곡 3번, 카디시』의 커버(상단). 레너드 번스타인, 1964년 『교향곡 3번, 카디시』 미국 초연 사진(하단). "우리는 오늘날 이분법과 도약이라는 거의 획일적인 개념에 직면하고 있으며, 또한 일단 도약을 수긍하고 보면 그 무엇을 상층부에 두든지, 어떠한 용어로 혹은 어떠한 상징 체계로 상층부를 표현하든지 간에 사실상 아무런 차이가 없다는 것을 말하고 있다. 예를 들면 레너드 번스타인은 그의 작품 『교향곡 3번, 카디시』에서 음악이 상층부로 인도하는 희망이리고 임시했다. 현내인의 본질은 어떠한 언어나 상징들을 사용하는지 이 두 영역을 받아들이는 데에 있다. 이성의 영역에서 보면 인간은 죽었다. 그리고 인간의 유일한 희망은 이성으로는 고려할 여지도 없는 어떤 형태의 도약이다. 이 두 영역 간의 접촉점은 존재하지 않는다."

이성으로는 고려할 여지도 없는 어떤 형태의 도약이다. 이 두 영역 간의 접촉점은 존재하지 않는다.

외설 문학(포르노그래피)

현대의 외설 문학 역시 이런 관점에서 설명할 수 있다. 외설 서적들은 옛날부터 있었으나 새로 나오는 것들은 그 유형이 다르다. 요즈음의 외설 서적들은 언제나 대할 수 있는, 그저 추잡한 책이 아니다. 그중 많은 책들이 철학적 진술을 담고 있다.

가령 헨리 밀러(Henry Miller, 1891-1980)와 같은 작가의 책을 보면, 합리적으로 그리고 논리적으로 성은 죽었다고까지 하는 진술을 발견하게 된다. 그러나 그의 후기 작품은 의미에 대한 희망을 갖기 위해 범신론으로 도약하는 것을 알 수 있다.

테리 서던(Terry Southern, 1924-1995)의 작품을 보면 현대 외설 문학의 또 다른 요소가 나타나고 있음을 알게 된다. 그는 『캔디』(Candy)와 『마술적 기독교인』(The Magic Christian)의 저자이다. 추잡하고 퇴폐적인 묘사에도 불구하고 그는 아주 심각한 문제를 다룬다.

『캔디』의 주인공 캔디는 캔디 크리스천이라고 불린다. 여기에 깊은 의미가 있다. 그는 기독교인의 입장을 분쇄한다. 그렇다면 그 자리를 무엇으로 채우는가?

『작가들의 반란』(Writers in Revolt)[18] 서문에서 그는 다음의 내용들을 말한다. 그는 이 서문을 '황금 시대의 윤리를 향하여'(Towards the Ethics of a Golden Age)라고 하면서, 현대 서구인이 얼마나 지리멸렬한가를 거론한다. 그는 현대인이 얼마나 심리학적으로만 자신의 방향을 규정하고 있는가를 보여 준다. 우리 문화의 심리학적 지향에 대한 진술 가운데 특별히 의미 있는 문장을 소개하면 다음과 같다. "금세기 이전에 쓰던 철학이나 문화 구조의 관점에서 볼 때, 그 시사점은 무너지고 있다. 왜냐하면 그것의 궁극적인 의미는 범죄와 같은 것은 없다는 것이기 때문이다. 그것은 범죄의 개념을 말살시킨다."

물론 우리에게 범죄가 더 이상 없다고 말하는 것은 아니다. 그가 말하는 것은 심리학적 지향에는 소위 범죄가 존재하지 못하게 된다는 것이다. 여하튼 범죄가 범죄로 생각되지 않고 도덕적으로도 잘못이 없는 것으로 여겨지는 것이다.

복음주의적 기독교인은 이러한 사람들을 대수롭지 않게 몇 마디로 일축해 버리는 경향이 있다. 그래서 현대인을 이해하는 데에 곤란을 느끼곤 한다. 그 이유는 사실상 이런 사람들이 이 시대의 철학자들이기 때문이다. 대학의 철학 교수석이 많이 비어 있다. 철학은 현대 세계의 테리 서던과 같은 사람들에 의하여 지술되고 있다. 앞에서 인용한 서문의 마

---

[18] Terry Southern, Richard Seaver, Alexander Trocchi eds., *Writers in Revolt*(New York : Berkeley Publishing Company, 1963).

지막 부분에 나오는 희한한 말을 보면 숨이 막힐 지경이다. "그렇다면 도대체 무엇이 있다는 말인가?" 하고 부르짖고 싶은 충동이 느껴진다. 서문 마지막에서 작가들이 마침내 황금 시대를 위한 윤리가 나타날 것이라는 희망으로 외설 문학을 쓰고 있다고 하는 데에는 아연실색할 따름이다.

이와 같이 외설 문학은 이제 상층부에 있다. 그들은 외설 문학을 궁극적인 해방으로, 다시 말하면 자유에의 도약으로 생각한다. 그들은 하층부에 있는 죽음을 분쇄해 치우고 죽음의 폭력을 더 이상 섬기지 않겠다고 말한다. 이러한 심각한 외설 문학서에는 물론 많은 쓰레기가 담겨 있기는 하나, 상기한 문제를 가지고 도전하고 있으며 외설 문학이 새로운 황금 시대를 갖다 주리라는 희망을 걸고 있음을 본다. 이것은 루소와 자율적 자유의 자연적 귀결이다. 르네상스 시대에 이미 이와 같은 이원론적인 분리가 있었음을 기억해야 하겠다.

서정 시인 – 정신적 사랑

소설가, 희극 시인(외설 문학)

그러나 이제 합리주의적 인본주의는 아래와 같이 상하층을 나누는, 전적인 이분법으로 논리적인 진전을 이루었다.

자유와 인간의 유일한 희망으로서의 자율적인 외설 문학

합리성 – 인간은 죽었다

이것도 아무것도 존재하지 않는 신비주의, 다시 말해 합리성을 무시하는 신비주의이다. 아무것도 없는데도 인간은 (하나님의 형상으로 지으심을 받았기 때문에) 자기의 갈망에 쫓기어 이러한 어마어마한 절망의 행동을 시도하며, 심지어는 황금 시대가 소호(Soho)[19]에서 도래하기를 기대하기까지 한다.

최근에 또 한 권의 심각한 외설 작품이 나왔는데 여기서는 하나님이 없기 때문에 한 여자가 스스로 남자에게 자신을 매질해 달라고 하는 장면이 나온다. 하나님이 존재하지 않기 때문에 그 여자는 어느 누구의 소유가 되고 싶어 한다. 그래서 머리가 돌아서인지는 몰라도, 구타와 거기서 느끼는 고통을 자기가 어떤 사람에게 소유되고 있다는 증거라고 하면서 달갑게 여긴다.

이러한 사람들은 전적으로 절망 상태에 있다. 우리는 살기 위해서 투쟁한다. 만일 우리가 사람들을 사랑한다면 지금은 멍청하게 있을 때가 아니다. 하찮은 유희에 정신을 팔 때가 아니며 또한 무분별하게 이분법적 사상에 젖어 있을 때도 아니다.

---

19 **편집자 주.** 영국 런던 웨스트민스터의 동부 지역인 웨스트엔드에 자리한 런던 제일의 번화가로 세계적으로 유명한 성인 유흥가이기도 하다.

부조리 연극

이런 절망의 기조는 부조리 연극에서 잘 표현되고 있다. 부조리에 대한 강조는 사르트르(Jean-Paul Sartre, 1905-1980)의 사상 전체를 생각나게 한다. 인간은 우주적 부조리 가운데 있는 하나의 비극적 익살에 지나지 않는다. 인간은 그가 살고 있는 세계에서는 합리적으로 성취할 수 없는 갈망을 지니게 마련이다.

부조리 연극에서 표현되고 있는 이러한 견해는 사르트르보다 한술 더 뜬다. 사르트르는 우주가 부조리하다고 말하지만 단어나 구문은 일반적으로 쓰는 대로 사용한다. 그러나 부조리 연극에서는 고의적으로 비정상적인 구문과 무가치한 단어들을 사용하여 모든 것이 부조리하다고 더 대담하게 주장한다.

BBC를 통해 잘 알려진 마틴 에슬린(Martin Esslin, 1918-2002)은 이러한 것을 주제로 삼아 책을 한 권 썼는데, '부조리의 부조리성'(The Absurdity of the Absurd)[20]이라는 재미있는 서문을 붙였다. 에슬린은 부조리 연극에는 세 단계가 있다고 한다. 제1단계는 당신이 부르주아에게 "일어나! 이젠 실컷 잤어."라고 말하는 것이다. 부조리 연극을 보면, 그를 깨우는 데 침대를 발로 차고 양동이로 물을 뒤집어씌운다. 그래서 그가 눈을 뜨면 다짜

---

20 Martin Esslin, *The Theatre of the Absurd* (New York : Anchor Books, 1961).

고짜 그의 눈을 들여다보면서 "아무 일도 없다."라고 말한다. 이것이 바로 제2단계이다. 제3단계는 다시금 상층부의 신비로 들어간다. 이 상층부의 신비는 의사 전달 이상의 의사 전달을 하려는 시도이다.

이것은 마르셀 뒤샹(Marcel Duchamp, 1887-1968)을 뒤이어 나온 해프닝(happening)[21]과 환경 예술이라든가, 전자 음악이 주는 청각의 자극, 비정상적인 상식 밖의 영화, 비틀스의 최근 음반에 있는 사이키델릭 요소들, 그리고 매클루언(Marshall McLuhan, 1911-1980)의 '쿨 커뮤니케이션'(cool communication) 이론에 나타나는 요소들[22]과 비슷한 것이라고 하겠다.

여기서는 이 주제를 자세히 다룰 수 없으나, 이러한 의사 전달은 합리성이 단절된 의사 전달 이상의 것으로서 그 내용을 전달할 수 없으므로 하나의 조작 도구로 심각하게 다루어야 할 것이다. 그러나 부조리 연극의 세 단계 가운데 제1, 2단계의 것은 비관주의로 향하는가 하면, 제3단계의 것은 제1, 2단계와는 전혀 관계없는 신비적 도약임을 알 수 있다.

---

21 **편집자 주.** 1950년대부터 1970년대 초반을 중심으로 북아메리카, 서유럽 등으로 확장된 일회성이 강한 공연 예술이나 작품 전시 등을 가리킨다.

22 **편집자 주.** 캐나다의 커뮤니케이션학자 매클루언은 미디어를 그것이 전달하는 정보의 정밀성과 그것이 요구하는 수용자의 참여도에 따라 핫 미디어(hot media)와 쿨 미디어(cool media)로 나눈다. 전달하는 정보의 정밀성이 낮아서 수용자의 높은 참여도를 요구하는 매체를 쿨 미디어, 전달하는 정보의 정밀성이 높아서 수용자의 낮은 참여도를 요구하는 매체를 핫 미디어라고 정의했다. 이런 입장에서 보면 쿨 미디어에는 텔레비전, 전화 등이 속하고, 핫 미디어에는 라디오, 활자, 사진, 영화 등이 속한다.

급진적 자유주의 신학자들은 진공 상태인 상층부에 '신'이란 내포적 단어와 실제적이며 참된 관련을 갖고 있는 어떤 것이 존재하는지에 대해 전혀 모른다. 가진 것이라고는 내포적 단어를 근거로 한 의미론적 대답뿐이다. 오늘날 신앙의 영역은 합리적이며 논리적인 것이 아니라 비합리적이며 비논리적인 것, 다시 말하면 검증할 수 있는 것이 아니라 검증할 수 없는 것이 되었다. 신신학자는 정의된 단어보다는 내포적 단어를, 곧 조심스럽게 정의된 과학적 기호와는 반대되는 정의되지 않은 기호로서의 용어들을 사용한다. 신앙이란 어떠한 것도 될 수 있기 때문에 왈가왈부할 수 없다. 그것을 정상적인 범주에서는 논할 도리가 없다. 수백 년 전에 아퀴나스는 그의 신학-철학의 체계에 자율적 부분을 설정했고, 현대의 신신학은 거기에서 온 결과이다.

제6장

신비주의

정신 이상

아직도 도약에 대한 주제를 다 이야기하지 못했다. 도약이 드러나는 분야는 이 외에도 또 있다. 푸코(Michel Foucault, 1926-1984)가 최근에 쓴 『정신 이상과 문명』(Madness and Civilization)[23]은 이 방면의 중요한 책이라고 하겠다.

『뉴욕 서평』(The New York Review of Books)[24]지는 '어리석음을 예찬하여'(In Praise of Folly)라는 제하에 컬럼비아 대학교 교수 마커스(Steven Marcus, 1928-2018)의 서평을 실었다. "그러나 푸코가 최후로 반대한 것은 이성의 권위이다. ……이 책에서 푸코는 진보된 현대 사상의 중요한 경향을 대변한다. 그는 합리적 지성에 초월적 능력이 없음에 실망하면서 우리 시대가 가진 불변의 진리, 즉 미래에 대한 약속을 이행하지 못한 19세기의 실패를 폭로한다." 다시 말하면, 계몽주의의 계승자들은 합리적 근거하

---

23 Michel Foucault, *Madness and Civilization* (New York : Pantheon, 1966).
24 *The New York Review of Books*, 3 November 1966.

에 하나의 통일된 해답을 제시하겠다고 약속했었다. 푸코는 이 약속이 성취되지 않았다고 정확하게 지적한다.

마커스는 계속해서 말한다. "이것이 결국 푸코가 현대의 완전히 혹은 반쯤 미친 예술가나 사상가들에게 관심을 돌리게 한 부분적 이유이다. 그들은 세상을 고발한다. 그런데 그들의 예술 언어는 미친 상태를 매개로 하여 세상의 무도함을 절실하게 표현함으로 세상이 스스로를 인식하여 의식을 바로잡게 하려고 한다. 바른 양심이 있는 사람이면, 이러한 관찰의 설득력과 진실성을 부인할 수 없을 것이다. 즉 그들은 현시점 곧 사물, 현대, 역사, 사회학, 심리학 등등에 '탈'(脫, post-)이란 말을 붙여 생각하게 하는 시점의 지적 상황의 실상을 포착한다. 우리는 19세기와 20세기의 사상을 배척하고 도외시하면서도 이를 능가힐 만한 새로운 신리를 찾지 못했으며, 또한 그것을 대치할 수 있을 정도로 웅장한 사상을 발견하지도 못했다."

다시 말하면 합리주의자들은 어떠한 종류의 통일이나 또는 합리적 해결을 위한 여하한 희망도 발견하지 못했다. 그러므로 우리는 푸코가 결론에 가서는 루소를 따르고 있음을 발견한다. 즉 자율적 자유의 궁극은 미치는 것이라는 것이다. 미쳐 버리면 자유롭게 되기 때문이다.

비합리적인 것 – 참자유는 미치는 것이다

———————————————

합리적인 것 – 인간은 죽었다

이것은 푸코와 그의 책을 서평한 마커스의 독특한 생각이기 때문에 극단적인 사상으로 알고 중요하게 생각할 필요가 없다고 이의를 제기할 수도 있다. 그러나 심한 약물 복용은 자학 행위이며, 일시적인(제발 그러기를 바란다) 정신병이다. 약물 복용의 결과와 정신 분열의 결과가 매우 비슷한데, 이러한 사실은 1960년대의 많은 약물 복용자들이 잘 알고 있다. 오늘날 약물을 복용하는 자는 수없이 많다. 『뉴스위크』(Newsweek)[25]지는 샌프란시스코의 히피들이 '우리는 승리하리'(We Shall Overcome)라는 노래 곡조에 '우리는 모두 정신 이상자'(We Are All Insane)라는 말을 붙여 노래한다고 보도한 적이 있다.

---

25 *Newsweek*, 6 February 1967.

푸코의 사상은 올더스 헉슬리의 사상과 별반 다르지 않다. 푸코가 현시대 및 이원론과 이분법의 귀결점을 이해하는 일의 중요성과 무관하다고 생각하면 잘못이다. 희망과 이성을 분리시키는 이분법의 논리적 귀결점은 모든 이성을 포기하는 것이다.

영화와 TV에서 보는 상층부

이러한 거의 획일적인 개념은 이미 언급한 여러 분야에서와 마찬가지로 영화와 TV에서도 느낄 수 있다. 베리만(Ingmar Bergman, 1918-2007), 펠리니(Federico Fellini, 1920-1993), 안토니오니(Michelangelo Antonioni, 1912-2007), 슐레진저(John Schlesinger, 1926-2003), 파리의 전위 영화인들 또는 이탈리아의 '더블 네오파'(Double-Neos) 같은 현대의 천재적인 영화 제작자들은 그 누구를 막론하고 모두 다 같은 사상을 가지고 있다.

사람들은 미국 TV 프로가 나은가 아니면 BBC 프로가 나은가 하고 종종 묻는다. "편안히 죽고 싶은가 아니면 멋있게 한 대 맞고 죽고 싶은가?"라고 묻는 격이라고나 할까. 물론 생각하기에 달렸겠지만, BBC가 좀 진지하다는 의미에서는 더 나은 편이지만 20세기의 사고방식에 너무 치우쳐 있다고 하겠다.

나는 우연히 BBC에서 속어를 사용하는 것을 들은 적이 있다. 이렇게 속어를 사용하는 자체는 낡은 전통과 하직하고 있다는 사실임이 명백하다. 만일 우리가 선택해야만 한다면, 속어를 사용하지 않고 점잖은 말로 20세기의 사고방식을 영국 TV에서처럼 은연중에 시청자에게 주입하는 것보다는 수많은 속어를 사용하는 것이 낫다고 주장하고 싶다.

정말 위험한 일은 미국인들이 20세기의 사고방식을 배우면서도 자신들에게 무슨 일이 닥치고 있는지 이해할 줄 모른다는 사실이다. 이러한 사고방식이 지성인들에게는 물론 비교적 문화 수준이 낮은 층에까지 침투하게 된 이유가 바로 여기에 있다.

베리만은 자기의 초기 영화 작품들은 실존주의를 가르치려는 의도에서 제작했다고 말했다. 이후 그는 하이데거(Martin Heidegger, 1889-1976)가 그랬듯이 이것이 적절하지 않다는 견해를 갖게 되었다. 그리하여 그는 『침묵』(The Silence)이라는 영화를 만들었는데, 이 영화를 보면 그 사상이 근본적으로 변화했음을 알 수 있다. 『침묵』은 인간이 정말로 죽었다는 믿음을 진술한 것이다. 이 영화는 카메라로 단순히 인간 생활을 포착하여 인생이 무의미하다는 것을 비인간적 언어로 표현한 새로운 영화이다. 이 영화는 사람의 말이 없는 그림의 연속이다.

이러한 견해는 현대의 허무주의 작가에게서도 역시 나타난다. 이의 대표적인 작품으로는 역시 커포티(Truman Capote, 1924-1984)의 『냉혈』(In Cold Blood)을 들 수 있다. 대부분의 평론가들은 커포티의 책에 관하여 평할 때 아무런 도덕적 판단이 개입되어 있지 않다는 데에 주목했다. 그의 책은 컴퓨터의 진술같이, 카메라의 눈에 포착된 것같이 그저 단순히 보도

『침묵』촬영장에서 아역 배우 요르겐 린드스트룀과 한때를 보내는 잉마르 베리만 감독(상단). 1963년 영화 『침묵』의 스웨덴 첫 상영일 풍경(하단). "베리만은 자기의 초기 영화 작품들은 실존주의를 가르치려는 의도에서 제작했다고 말했다. 이후 그는 하이데거가 그랬듯이 이것이 적절하지 않다는 견해를 갖게 되었다. 그리하여 그는 『침묵』이라는 영화를 만들었는데, 이 영화를 보면 그 사상이 근본적으로 변화했음을 알 수 있다. 『침묵』은 인간이 정말로 죽었다는 믿음을 진술한 것이다. 이 영화는 카메라로 단순히 인간 생활을 포착하여 인생이 무의미하다는 것을 비인간적 언어로 표현한 새로운 영화이다. 이 영화는 사람의 말이 없는 그림의 연속이다. 여기에는 판단도 인간적인 요소도 없고 다만 카메라나 컴퓨터로 얻을 수 있는 진술이 있을 뿐이다."

만을 할 뿐이다. 즉 '그는 살인 무기를 집어 들고 해치웠다.'라는 식으로 표현한다.

많은 사람들은『침묵』과『냉혈』을 다른 전위 작가들의 작품과 마찬가지로 영화와 문학의 새로운 영역으로 생각했다. 그러나 이것이 도대체 무슨 영화이며 문학인가? 이 작품들에는 판단도 인간적인 요소도 없고 다만 카메라나 컴퓨터로 얻을 수 있는 진술이 있을 뿐이다. 여기서 우리는 하층부의 인간은 죽었다는 생생한 진술을 읽게 된다.

그러나 요즈음에 와서 아주 놀라운 진술을 하는 영화가 있는데, 즉 하층부에서 인간이 죽었다는 것이 아니라 도약 이후의 상층부의 인간은 도대체 어떠한가 하는 것을 생생하게 표현한 영화이다. 이런 영화 중에 제일 먼저 나온 것이『지난해 마리엔바트에서』(The Last Year at Marienbad)이다. 이것은 결코 내 짐작이 아니다. 이 영화의 감독은, 자기가 영화에 나타내려고 한 것이 이것이라고 설명했다. 영화에 끝없이 긴 복도와 영화와 무관한 것들이 보이는 것은 이러한 이유에서이다.

만일 하층부의 인간이 죽었다면 비합리적인 도약을 통하여 상층부에 달한 인간에게는 아무런 범주도 없다. 범주란 합리성과 논리에 관련된 것이기 때문에 범주가 있을 수 없다. 따라서 진리도 없고 반정립인 비진리도 없으며, 옳고 그른 것이 없다. 마냥 표류할 뿐이다.

『영혼의 줄리에타』(Juliet of the Spirits) 역시 이러한 종류의 영화이다. 맨체스터에서 어떤 학생이 나에게, 이 영화 가운데 어느 것이 현실이고 어느 것이 환상인지를 가려내기 위해 세 번째 보려 한다고 했다. 나는 나중에 런던의 한 작은 극장에서 이 영화를 보았다. 만일 내가 먼저 보았더라면 그 학생에게 공연히 마음 쓸 것 없다고 일러 주었을 것이다.

영화를 수천 번 보더라도 그런 것을 알아낼 도리가 없다. 이 영화는 관람자가 객관적인 실재와 환상을 분별하지 못하도록 고의적으로 만들어진 것이다. 여기에도 범주란 것이 없다. 그래서 누가 보아도 무엇이 현실인지, 무엇이 환상인지, 어떤 것이 심리적인 것이고 어떤 것이 정신 이상적인 것인지 알지 못한다.

안토니오니의 『확대』(Blow-up)는 이러한 유의 영화 중 최근의 작품인데 역시 범주가 없는 상층부의 현대인을 묘사하고 있다. 요컨대, 일단 이분법을 받아들이고 보면 상층부에 무엇을 두든지 문제가 되지 않는다는 것이 범주가 존재하지 않는 이유이다.

상층부의 신비

이미 규정한 바와 같이 아무도 없는 신비주의는 결국 범주 없는 신비주의이다. 그러므로 상층부에 종교적인 용어를 갖다 붙이든, 혹은 비종교적인 용어 또는 예술의 상징적 표현이나 외설적 표현을 사용하든 상관이 없다.

이와 같은 원리는 급진주의 신학에도 적용된다. 즉 하층부의 인간은 죽었을 뿐 아니라 하나님 역시 하층부에서는 죽었다는 것이다. "하나님은 죽었다."라고 말하는 신학자들은 아주 분명하게 "상층부의 하나님에 대하여 우리가 아무것도 알지 못하면서 이야기해 봤자 무슨 소용이 있는가? 차라리 정직하게 하나님은 죽었다고 말하자."라고 한다. 우리가 일반 문화 면의 고찰을 통해 얻은 지식에 근거해 볼 때 이 신학자들이 자기 놀음에 지쳐 버린 이유를 알 만하다. 무엇 때문에 신(神) 자가 붙은 말들을 번거롭게 다룬단 말인가? 왜 하나님이 죽었다는 하층부의 합리적 결론을 받아들여 만사는 끝났다고 하지 않는단 말인가?

그러므로 급진적 자유주의 신학을 다음과 같이 도식화할 수 있다.

비합리적 단지 '하나님'이란 내포적 단어만 있다
　　　　　하나님에 관한 내용이 없다
　　　　　인격적 하나님은 없다
―――――――――――――――――――――
합리적　 하나님은 죽었다
　　　　　인간은 죽었다

급진적 자유주의 신학자들은 우리가 위에서 언급한 바와 같이 진공 상태인 상층부에 '신'이란 내포적 단어와 실제적이며 참된 관련을 갖고 있는 어떤 것이 존재하는지에 대해 전혀 모른다. 가진 것이라고는 내포적

신학에 있어 자신의 입장을 나타내고자 '불가지론'이라는 말을 만들어 낸 영국의 생물학자, 토머스 헨리 헉슬리. "신신학자들은 성경에 계시되고 종교 개혁에서 말하는, 유일하고 무한하신 인격적 하나님을 상실했다. 현대적 사고방식을 따르는 자유주의 신학은 대용물로서 '신'이라는 단어만을 소유할 뿐이다. 토머스 헉슬리는 이 모든 것을 분별한 예언자였다. 1890년에 그는 사람들이 신앙에서, 특히 성경의 아브라함 이전 시대의 이야기에서 모든 내용을 제거할 시기가 올 것이라고 천명했다. 현대 신학은 이제 불가지론이나 심지어는 1890년대의 무신론과 별 다름이 없다."

단어를 근거로 한 의미론적 대답뿐이다. 급진주의 신학은 상층부에서는 철학적 타자, 즉 무한하고 비인격적인 사물만 운위할 뿐이다. 이렇게 되고 보면 서양 사상이 동양의 사상에 접근하고 있음을 알게 된다. 신신학자는 성경에 계시되고 종교 개혁에서 말하는, 유일하고 무한하신 인격적 하나님을 상실했다. 현대적 사고방식을 따르는 자유주의 신학은 대용물로서 '신'이라는 단어만을 소유할 뿐이다.

토머스 헉슬리(Thomas Henry Huxley, 1825-1895)는 이 모든 것을 분별한 예언자였다. 1890년에 그는 사람들이 신앙에서, 특히 성경의 아브라함 이전 시대의 이야기에서 모든 내용을 제거할 시기가 올 것이라고 천명했다.[26] "신앙은 어떠한 사실과도 접촉하지 않고 불신자의 공격이 접근할 수 없을 정도로 초연하게 서 있다."라는 것이었다. 현대 신학은 이분법을 받아들여 검증의 세계에서 종교적인 것들을 제거했기 때문에 그 할아버지 격인 헉슬리가 예언한 위치에 서게 된 것이다. 현대 신학은 이제 불가지론이나 심지어는 1890년대의 무신론과 별 다름이 없다.

이와 같이 오늘날 신앙의 영역은 합리적이며 논리적인 것이 아니라 비합리적이며 비논리적인 것, 다시 말하면 검증할 수 있는 것이 아니라 검증할 수 없는 것이 되었다. 신신학자는 정의된 단어보다는 내포적 단어를, 곧 조심스럽게 정의된 과학적 기호와는 반대되는 정의되지 않은 기호로서의 용어들을 사용한다. 신앙이란 어떠한 것도 될 수 있기 때문에 왈가왈부할 수 없다. 그것을 정상적인 범주에서는 논할 도리가 없다. 수백 년 전에 아퀴나스(Thomas Aquinas, 1225-1274)는 그의 신학-철학의 체계에 자율적 부분을 설정했고, 현대의 신신학은 거기에서 온 결과이다.

정의되지 않은 표상(表象), 예수

하나님은 죽었다고 주장하는 신학자들이 아직도 '예수'란 말을 사용한다. 예를 들면 반 뷰렌(Paul van Buren, 1924-1998)은 『복음의 세속적 의미』

---

[26] Thomas Henry Huxley, *Science and Hebrew Tradition*, Vol. 4 of *Huxley's Collected Essays* (London : Macmillan, 1902).

(The Secular Meaning of the Gospel)에서 오늘날의 문제는 '신'이라는 말이 죽었다는 것이라고 말한다. 그는 더 나아가서 그러나 이렇게 '신'이란 말을 상실했다고 하여 우리가 더 궁해지는 것은 아니며, 그 이유는 인간 예수 그리스도에게서 우리에게 필요한 모든 것을 얻기 때문이라고 지적한다. 그러나 여기서 '예수'는 정의되지 않은 하나의 상징으로 드러난다. 그들이 이 말을 사용하는 것은 이 말이 사람들의 뇌리에 박혀 있기 때문이다.

이것은 자기들 멋대로 내용을 갖다 붙인, '예수'라고 불리는 종교적인 표상을 가진 인본주의에 불과하다. 따라서 이 사람들이 '예수'란 말을 갑자기 하나의 내포적 단어로 바꾸어 상층부에 슬쩍 갖다 붙인 것임을 알 수 있다. 그러므로 만일 우리의 사상 체계가 도약을 중심으로 하고 있다면, 성경 단어든 뭐든 그 무슨 말을 내세우든지 결국 마찬가지라는 사실을 다시 한 번 인식해야 한다.

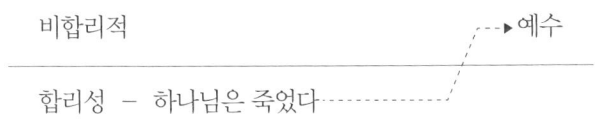

그러므로 기독교인이 얼마나 신중해야 하는가를 알 수 있다. 1966년 12월 16일자의 『위크엔드 텔레그래프』(Weekend Telegraph)지에서 라스키(Marghanita Laski, 1915-1988)는 발전하고 있는 새로운 종류의 신비주의들에

관하여 언급하면서 "도대체 어떻게 이러한 신비주의들이 참인지 거짓인지 알 수 있단 말인가?"라고 말하였다. 그녀의 요점은 사람들이 종교적인 것들을 논의할 수 있는 세계에서 논의할 수 없는 세계로 옮겨다 놓는 바람에 우리는 사실의 진부를 입증해야 하는 부담 없이 무엇이든지 이야기할 수 있게 되었다는 것이다.

최근 일부 복음주의자들이 명제(命題)의 옳고 그름을 판가름하는 것이 중요한 것이 아니라, 그리스도와의 만남이 중요하다고 주장하고 있기 때문에 복음주의적 기독교인은 주의하지 않으면 안 된다. 기독교인이 그런 식으로 말할 때, 그는 분석적 형태로든 비분석적 형태로든 상층부로 도약한 것이다.

비합리적 – 예수님과의 만남
―――――――――――――――
합리적 – 명제의 진부를 가리지 않는다

만일 우리가 어떤 현대의 사상 논쟁의 압력에 눌려 절대적인 성경을 제쳐 두고 단순히 상층부에 '예수'니 '체험'이니 하는 말을 갖다 붙인다면, 우리는 다음과 같은 질문을 받아 마땅하다. "이렇게 하는 것과, 세속 불신자들이 의미론적 신비주의에서 하는 것이나 급진주의 신학이 하는 일이 다를 바가 무엇인가?" 그런데 아직 두드러지게 눈에 띌 정도는 아니

지만, 그게 다 동일하다고 생각하기 시작했다. 다음 세대에 가서는 그것이 다 같다고 생각하는 경향이 농후해질 것이 확실하다.

만일 상층부의 것이 합리성과는 별개의 것이라면, 또한 성경이 우주와 역사에 관하여 가르치고 있다는 것이 검증 가능한 것으로 논의되지 못한다면, 복음주의에서 말하는 상층부와 극단적인 현대 신학이 말하는 상층부가 다를 것이 무엇인가? 무슨 근거로 선택을 할 것인가? 힌두교의 비슈누(Vishnu)의 이름하에 만나는 것과 예수님을 만나는 것이 다를 것이 무엇인가? 또한 이러한 말을 사용하지 않고 약물을 사용함으로써 어떤 체험을 추구하지 말라는 법이 어디 있는가?

오늘날 우리에게 시급한 일은 현대 사상의 전모를 이해하는 일이다. 즉 이원론과 이분법 그리고 도약의 의미를 잘 파악해야 한다. 전술한 바와 같이 상층부는 여러 형태를 취할 수 있다. 종교적인 것, 세속적인 것, 추한 것, 정결한 것, 무엇이든 다 가능하다. 현대 사상의 골자를 캐 들어가면 상층부에 무슨 말을 적용시키든 상관이 없다. 즉 '예수'라는, 애호(愛好)되는 말까지도 사용할 수 있다는 결론을 얻는다.

내가 '예수'란 말을 들을 때 (역사적 예수와 그분이 하신 일로 인하여 내게 '예수'라는 말이 너무나 큰 의미를 가지므로) 주의하여 듣는 이유는, 현대 세계에서 사용되고 있는 어떤 다른 말보다도 '예수'라는 말이 사용을 두려워하고 유감스럽게 여기기 때문이다. 이 단어는 아무런 내용 없는 표상으로 사용되면서 우리 세대에게도 그것을 따르라는 요청이 이루어지고 있다. 그러나 이에 대한 시비를 가릴 합리적, 성경적 내용이 없고 보니 예수님이 가르치신 것과는 정반대되는 내용을 가르치는 데에 사용되고 있다. 사람들은 대단한 열심으로 이 말을 따르도록 요구받는다.

급진주의 신학을 따르는 새로운 도덕에서 더욱 그렇다. 자기를 원하는 이성(異性)과 동침하는 것도 '예수와 같은' 행위라는 것이다. 인간답게 되려고 노력하는 한, 예수님이 가르치신 특정 도덕을 어기더라도 다른 사람과 동침하는 것은 '예수와 같은' 행위라는 것이다. 이러한 사람들은 예수님의 교훈은 문제시하지 않는다. 왜냐하면 그것은 하층부의 합리적 성경 내용에 속하는 것이기 때문이다.

그러므로 우리는 이제 '예수'라는 말이 참예수의 적이 되었으며 예수님의 교훈에 대한 적이 되었음을 알 수 있다. 우리가 이 '예수'라는 내용 없는 표상을 경계해야 하는 것은 우리가 예수님을 사랑하지 않아서가 아니라 그분을 사랑하기 때문이다. 우리는 이 내용 없는 표상과 싸워야 한다. 이것은 실로 큰 매력을 가지고 인류의 기억 속에 깊이 뿌리박고 있으며, 또한 사회학적 형식과 통제를 목적으로 사용되고 있다. 우리의 영적 자녀들에게도 이것과 싸우도록 가르쳐야 한다.

이와 같이 악화 일로에 있는 경향을 보면, 예수님이 말세에 적(敵)그리스도들이 등장할 것이라고 말씀하신 것이 바로 이것을 가리키신 것이 아닌가 하는 생각이 든다. 앞으로 나타날 큰 적은 적그리스도라는 사실을 잊어서는 안 된다. 그는 비(非)그리스도의 적이 아니라 그리스도의 적이다. 지난 수년 동안 성경의 내용과는 동떨어진 '예수'라는 말이 점점 역사적인 예수, 죽었다가 다시 살아나시고 다시 오실 영원한 하나님의 아들이신 예수님의 적이 되었다.

그러므로 우리는 조심해야 한다. 만일 복음주의적 기독교인들이 이분법에 말려들어 예수님과의 만남을 성경의 내용과 분리시키기 시작한다면, (고의는 아니라 하더라도) 자신들과 다음 세대를 현대 사조의 소용돌이 속에 내던지는 결과를 초래하게 될 것이다. 현대 사조는 거의 한 덩어리가 되어서 우리를 포위하고 있다.

성경은 하나님의 형상대로 지음받은 인간에게 하나님이 문자를 빌려 전달하는 절대적인 진리라고 스스로 말한다. 다시 말해 특정한 역사적 시공간의 상황 속에서 하나님이 인간에게 주신 '언어로 표현된 명제적 말씀'이다. 그것은 어떤 내용 없는 실존적 체험도 아니요 반지성적 도약도 아니다. 성경은 실제와 무관한 사상을 말하지 않는다. 성경의 체계는 시작이 있으며 이 시작과 모순되지 않게 전개된다. 이 시작은 만물의 창조자이신 무한하고 인격적인 하나님이시다. 기독교는 전혀 검증할 수 없는 '어둠 속에서의 도약'에 근거하는, 전달 불가능한 모호한 체험이 아니다. 회심(기독교인으로서의 삶의 시작)도 영성(성장)도 결코 도약이 아니다. 이 두 경험 모두 살아 계신 하나님과 그분이 우리에게 주신 지식과 연관되어 있으며 인간의 전인격을 포함한다.

제7장

이성과 신앙

이성과 신앙

신앙을 비성경적인 방법으로 이성과 대치시키는 데서 오는 결과는 다음과 같다.

기독교를 상층부에 둠으로써 파생되는 문제는 첫째로 윤리 문제이다. 상층부의 기독교와 일상생활의 윤리와의 관계를 어떻게 설정할 수 있을까 하는 문제가 발생한다. 이에 대한 답변은 간단하게 말해 불가능하다. 전술한 바와 같이 상층부에는 범주가 없다. 따라서 상층부가 범주를 설정할 방도도 없다. 결국 오늘날 '그리스도와 같은' 행위를 결정하는 것은 교회나 사회가 특정 상황에서 바람직한 것으로 합의하는 것이다. 이성과 신앙을 대치시키는 이상, 우리는 실제 세계에서 실제 윤리를 가질 수 없다. 단지 상대적인 윤리만을 가질 따름이다.

이런 분리에서 오는 두 번째 결과는, 법이 존재할 적절한 근거가 없게 된다는 것이다. 종교 개혁의 전체 법체계는 하나님이 실제적인 것을 우리의 일상생활 속에 계시하셨다는 사실에 근거한다. 스위스 로잔에 있는 구(舊) 대법원 건물 안에는 폴 로버트(Paul Robert, 1851-1923)가 그린 한 폭의 그림이 있다. 『정의는 백성을 영화롭게 한다』(Justice Lifts the Nations)라는 그림이다. 커다란 벽화의 전면에 고소하는 장면들이 여럿 그려져 있다. 아내가 남편을, 설계자가 건축업자를 고소하는 등등의 장면이다. 재판관들이 어떻게 이들의 시비를 가릴 것인가? 종교 개혁의 나라인 이 나라에서는 이와 같이 재판한다고 폴 로버트는 말한다. 그는 손에 든 칼로 '하나님의 법'이라고 적힌 책을 가리키는 정의의 여신을 그려 놓았다. 종교 개혁 시대의 사람에게는 법에 대한 근거가 있었다. 반면에 현대인은 기독교 신학을 내동댕이쳤을 뿐 아니라, 우리 조상들이 윤리와 법의 근거로 가졌던 것에 대한 가능성마저 포기했다.

세 번째 결과는 악의 문제에 대한 답변마저 폐기한다는 것이다. 기독교는 이에 대한 해답을 역사적, 시공간적, 실제적이고 완전한 타락에서 찾는다. 아퀴나스(Thomas Aquinas, 1225-1274)의 오류는 불완전한 타락을 주

『정의는 백성을 영화롭게 한다』, 폴 로버트 作. "종교 개혁의 전체 법체계는 하나님이 실제적인 것을 우리의 일상생활 속에 계시하셨다는 사실에 근거한다. 스위스 로잔에 있는 구(舊) 대법원 건물 안에는 폴 로버트가 그린 『정의는 백성을 영화롭게 한다』라는 그림이 있다. 커다란 벽화의 전면에 고소하는 장면들이 여럿 그려져 있다. 아내가 남편을, 설계자가 건축업자를 고소하는 등등의 장면이다. 재판관들이 어떻게 이들의 시비를 가릴 것인가? 폴 로버트는 손에 든 칼로 '하나님의 법'이라고 적힌 책을 가리키는 정의의 여신을 그려 놓았다. 종교 개혁 시대의 사람에게는 법에 대한 근거가 있었다. 반면에 현대인은 기독교 신학을 내동댕이쳤을 뿐 아니라, 우리 조상들이 윤리와 법의 근거로 가졌던 것에 대한 가능성마저 포기했다."

장했다는 점이다. 그러나 참된 기독교적 입장은 시간과 공간과 역사 속에서 프로그램화되지 않은 인간이 있었는데 그가 스스로의 결정으로 하나님을 거역했다는 것이다.

일단 이러한 입장을 포기하면 "하나님이 있다면 그는 악마이다."라고 한 보들레르(Charles Baudelaire, 1821-1867)의 의미심장한 말이나, "만일 그가 하나님이면 결코 선한 분일 수가 없고, 만일 그가 선하다면 하나님일 수 없다."라고 말한 매클리시(Archibald MacLeish, 1892-1982)의 말을 수긍할 수밖에 없다. 하나님이 역사 속에 의의 있는 인간을 만드셨는데 사탄으로 말미암아 그가 악하게 되었으며 인간의 반역이 실제로 역사의 시간과 공간에 있었다는 기독교의 가르침이 없다면, 결국 해답은 없는 것이고 보들레르의 진술을 받아들일 도리밖에 없다.

일단 역사적 기독교의 해답이 거부되면 상층부로 무조건 도약하여 이성을 묵살하고 하나님은 선하시다고 말할 수밖에 없다. 만일 우리가 이 원론을 받아들여 현대 문화와 사상과의 마찰을 피하겠다고 생각한다면, 우리는 결국 환상이라는 함정에 빠지고 말 것이며, 몇 발자국 뛰어 보아도 늘 같은 장소에서 제자리걸음만 하고 있음을 알게 될 것이다.

기독교를 상층부에 두는 데서 오는 네 번째 결과는 곤경에 빠져 있는 현시대 사람들에게 전도할 기회를 빼앗기게 된다는 것이다. 현대인은 자신의 파멸이라는 해답보다는 다른 해답을 갈망한다. 현대인은 절망의 분계선과 이분법을 원해서 받아들인 것이 아니라, 그의 합리적 전제가 자연스럽게 전개된 나머지 어쩔 수 없이 받아들였을 뿐이다. 그는 때때로 용감하게 자기의 주장을 내세우지만 결국은 절망에 빠질 뿐이다.

따라서 기독교는 기독교의 해답이 바로 현대인이 절망해 버린 것, 바로 사상의 통일이라는 사실을 명백하게 말해 줄 기회를 가지고 있다. 기독교는 삶의 문제 전체에 대한 통일된 해답을 준다. 인간은 자기의 합리성을 포기해야 하지만, 그 다음에는 논의할 수 있는 어떤 구체적인 것을 근거로 하여 그의 합리성을 회복할 수 있다.

내가 일찍이 합리주의와 합리성이 다른 점을 아주 강조하여 지적한 이유가 여기에 있다. 현대인은 후자를 상실했다. 그러나 그는 검증과 논의가 가능한 구체적인 것을 근거로 삼아 삶에 대한 통일된 해답으로 합리성을 회복할 수 있다.

그러므로 만일 내가 경계하고 있는 그 함정에 우리가 빠진다면, 불신자들이 자기 나름의 언어로 말하는 것을 우리는 단지 복음적인 언어로 말하는 입장에 빠지는 결과에 지나지 않음을 기독교인들은 명심해야 한다. 현대인과 대면하려면 이분법을 사용해서는 안 된다. 하나님과, 역사와 우주에 대하여 참된 진리를 가르치는 성경을 가지고 대면해야 한다. 이것이야말로 종교 개혁 당시 우리의 선조들이 너무나 잘 파악했던 진리이다.

앞에서 본 바와 같이, 무한의 면에서 보면 우리는 하나님으로부터 완전히 단절되어 있으나, 인격적인 면에서 보면 우리는 하나님의 형상대로 지음을 받았다. 그러므로 하나님이 우리에게 자신에 관하여 무한히는 아니지만 참되게 가르치실 수 있다. (우리는 유한한 피조물로서 모든 것을 무한히 알 수는 없다.) 그래서 하나님도 우리에게 역시 유한하게 창조된 세계의 사물에 관하여 말씀하셨다. 그분은 우주와 역사에 관한 진리를 말씀하셨다. 그러므로 우리는 결코 표류하지 않는다.

그러나 종교 개혁의 성경관을 고수하지 않는 이상 이와 같은 해답을 얻을 수 없다. 예수 그리스도 안에서 자신을 계시하시는 하나님에 관한 문제만 해도 만일 이것을 성경과 분리시킨다면, 여기에 충분한 내용이 없으므로 다만 또 하나의 내용 없는 표상이 있게 될 뿐이다. 왜냐하면 그리스도의 계시에 관하여 우리가 알고 있는 모든 지식은 성경에서 얻은 것이기 때문이다. 예수님 자신은 자기의 권위와 기록된 성경의 권위를 구별하지 않으셨다. 그분은 자신의 권위와 성경의 내용과의 통일을 전제로 행동하셨다.

이 모든 것에는 인격적인 요소가 포함되어 있다. 그리스도는 만물의 주(主)이시요, 인생의 모든 면의 주이시다. 만일 예수님이 나의 지적 생활 전체의 주가 아니라면 그분을 알파와 오메가요, 처음과 나중이요, 만물의 주라고 아무리 말해도 소용이 없다. 만일 내가 그리스도의 주 되심을 찬양하면서 나 자신의 자율적인 생활을 그대로 고집한다면, 나는 거짓되고 전도(顚倒)된 사람일 뿐이다. 나의 성생활이 자율적일 때에도 그렇고 나의 지적 생활의 전부 혹은 극히 일부가 자율적일 때에도 역시 마찬가지이다. 자율적인 것은 무엇이든지 다 잘못이다.

하나님이 우리에게 말씀하신 내용에 구애되지 않는 것을 자율적이라고 한다면, 자율적인 과학이나 자율적인 예술 역시 그릇되다. 그렇다고 해서 우리가 정체된 과학이나 예술만을 가진다는 의미는 아니다. 사실 그것과는 정반대이다. 이것은 비록 유한하기는 하지만 자유가 가능한 내적 형식을 준다. 과학과 예술이 자율적인 하층부의 틀에 놓이게 되면 인류 역사를 통하여 경험해 온 것과 동일한 비극적 종말을 면치 못한다. 무슨 이름으로든 하층부가 자율적으로 되면 순식간에 하층부가 상층부를 잠식한다는 사실을 우리는 이미 고찰하였다. 즉 하나님만 자취를 감출 뿐 아니라 자유와 인간 역시 사라지고 만다.

성경의 독자성(獨自性)

때때로 나는 이러한 질문을 받는다. "이러한 전혀 엉뚱한 사상을 가진 사람들과 어떻게 대화를 할 수 있습니까? 당신이 말하는 것을 비록 그들이 받아들이지는 않는다 해도 이해할 수 있도록 말할 수 있는 것 같은데요." 그렇게 할 수 있는 이유는 많을 것이다. 그러나 내가 특별히 염두에 두는 것은 이들로 하여금 맹목적인 권위를 따르지 말고, 다시 말해 가정이 믿으니 믿는다거나 지성이 개입할 여지가 없으니 믿는다는 식으로 말하지 말고 성경의 교훈과 진리를 숙고해 보도록 한다는 것이다.

내가 기독교인이 된 것도 이것 때문이었다. 여러 해 동안 나는 자유주의 교회에 다녔었다. 그때 들은 말씀을 근거로 얻은 해답은 불가지론이 아니면 무신론일 뿐이었다. 자유주의 신학이 내가 보다 논리적인 결정을 내리는 데 도움이 되었다고는 생각하지 않는다. 나는 불가지론자가 되고 나서, 당시 읽고 있던 그리스 철학과 대조해 보기 위해 처음으로 성경을 읽기 시작했다. 나는 진지하게 읽어 갔다. 그리하여 성경을 통독해 보지도 않고 기독교라고 생각하던 것을 버리기에 이르렀다. 약 6개월이 지나고 난 후 나는 기독교인이 되었다. 성경이 제시하는 답변만으로도 그 당시 내가 알고 있는 문제에 대하여 충분하다고, 탄복할 만큼 만족스럽다고 확신하게 되었던 것이다.

나는 늘 시각적으로 생각하는 버릇이 있는데, 그때 나의 문제는 하늘에 떠 있는 풍선처럼 생각되었다. 그때만 해도 나는 지금처럼 인간 사상의 근본적인 문제들을 많이 알지 못했다. 나는 성경을 접했을 때, 성경이 대공포처럼 문제들을 쏘아 떨어뜨리거나 개개의 풍선을 터뜨려 내동댕이치는 것이 아니라 훨씬 더 감격적인 것을 안겨 주는 것을 알고는 (지금도 역시 그렇지만) 얼마나 기뻐했는지 모른다.

성경은 비록 내가 유한한 존재이긴 하나 문제의 답을 제시해 주었다. 그래서 나는 성경이 가르치는 진리의 틀 안에서 모든 문제를 하나의 체계로 연결시키는 밧줄을 쥐고 있는 것처럼 풀 수 있었다. 나는 이러한 것을 거듭해서 경험했다. 성경이 가르치는 체계를 취하여 인간들의 사상

시장에 내놓고 발표해도 조금도 손색이 없었다.

성경의 가르침은 다른 사상과는 전혀 다르다. 성경은 인간이 마땅히 해야 할 일, 즉 자신에게서부터 시작하는 일을 할 수 있는 이유를 말해주는 유일한 종교 또는 철학 체계이다. 사실상 우리 자신을 떠나서는 문제를 다룰 수 없다. 우리는 모두 자신의 눈을 통해 사물을 보기 때문이다. 그러나 바로 여기에 진정한 문제가 있다. 무슨 권리로 내가 여기에서부터 시작할 것인가? 다른 종교나 철학은 그러한 권리에 대해 설명하지 않는다. 그러나 성경은 내가 해야 할 일, 즉 자신에게서부터 시작하는 일을 할 수 있는 이유를 제시한다.

우선 성경은, 태초에 만물이 인격적이고 무한하신 언제나 존재하시는 하나님에 의하여 지음받았다는 것을 말한다. 따라서 만물은 근원적으로 비인격적이라기보다는 인격적이다. 성경은 또한 하나님이 자신 밖에 만물을 창조하셨다고 말한다. 나는 이 '자신 밖에'(outside of Himself)라는 말이 20세기 사람들에게 창조를 설명하는 데에 가장 적절한 말이라고 생각한다. 이 말을 공간적 의미로 사용하는 것이 아니라 창조는 신의 본질의 연장이라고 보는 범신론적 견해를 부인하기 위해 쓰는 것이다. 하나님은 존재하신다. 그분은 언제나 존재해 온 인격적 하나님이시다. 하나님은 자신 밖에 만물을 창조하셨다.

이와 같이 우주는 참으로 인격적 기원에서 시작되었기 때문에 사랑과 의사소통(이것이 현대인의 마음에는 부담이 되고 있다)이 본래적인 것과 상치되지 않는다. 우주는 비인격적 기원에서가 아니라 인격적 기원에서 출발했기 때문에 인간이 가지고 있는 사랑과 의사소통에 대한 갈망은 본래적인 것과 상치되지 않는다. 그리고 하나님이 참으로 자신 밖에 세계를 창조하셨기 때문에 세계는 실재적인 세계이다. 하나님이 창조하신 것은 객관적으로 실재하는 것이므로 참된 역사적 인과(因果)가 있다.

이와 같이 의의가 있는 역사 속에서 하나님이 인간을 특별히 자기의 형상대로 만드셨다고 성경은 말한다. 만일 인간의 기본적 관계가 위에 있다는 것을 이해하지 못한다면, 아래쪽에서 그것을 발견하려 할 것이다. 기본적 인간관계를 아래쪽에서 찾아 결국 자신을 동물과 관련시키는 사람은 벌써 케케묵은 옛사람이다. 오늘날 현대인은 자신을 기계와 관련지으려고 한다.

그러나 성경은 우리의 준거선을 아래로 그을 필요가 없다고 한다. 하나님의 형상대로 지으심을 받았기 때문에 위로 가야 한다. 인간은 결코 기계가 아니다.

만일 우주의 기원이 본래적으로 인격적이라는 것을 부정한다면, 그 다음에 오는 결과는 무엇인가? 인간은 비인격적인 것+시간+우연의 산물이란 해답밖에 없다. 이러한 근거에서 인격을 발견해 내는 데에 성공한 사람은 아무도 없다. 이제는 고인이 된 테야르 드 샤르댕(Pierre Teilhard de Chardin, 1881-1955)을 비롯해서 많은 사람들이 시도해 보긴 했지만, 그것은 불가능하다. 우리가 비인격적인 것+시간+우연의 산물이라는 결론은 우리가 인격적인 것에서부터 출발하지 않았다면 불가피한 결론이 된다. 또한 어떻게 시간＋우연이 비인격적인 것에서 인격적인 것이 되는 질적 변화를 낳는가를 입증한 사람은 없다.

만일 이러한 질적 변화가 가능한 일이라면 우리는 여기서 결코 헤어나지 못할 것이다. 그러나 성경은 인간이 인격적인 하나님의 형상대로 창조되었다고 말하며, 우리에게 희망적인 시발점을 제시한다. 어떠한 인본주의의 사상도 인간이 자신에게서부터 시작하는 것을 정당화하지 못했다.

성경의 해답은 유일무이하다. 성경은 인간이 해야 할 일, 즉 자신에게서부터 시작하는 일을 해도 되는 이유를 제시하며, 이에 적절한 준거점, 즉 무한하시고 인격적이신 하나님을 말해 준다. 이것은 인간이 자신에게서부터 시작해야 할 이유도, 또 어느 방향으로 나아가야 할지도 모르면서 자기에게서부터 시작하는 다른 사상과는 완전히 대조가 된다고 하겠다.

자신에게서부터 시작했으나

인간이 자신에게서부터 시작하여 인생과 우주의 의미를 이해할 수 있다고 말할 경우, 이 말이 무엇을 의미하는가를 명확하게 규정해야 한다. 여기에는 두 가지 개념 혹은 두 가지 사상이 있으므로 양자를 구분해야 한다.

그 첫째는 합리주의적인 또는 인본주의적인 개념, 즉 다른 모든 사물과는 전혀 무관하게 자율적으로 시작할 때 인간은 궁극적 진리로 향하는 교량을 세울 수 있다는 생각이다. 그러나 이것은 마치 무한히 넓은 계곡을 가로지를 교량을 한쪽 끝은 고정되어 있고 다른 한쪽은 받침이 없는 외팔보(cantilever) 공법으로 세우려는 격이어서, 이것은 불가능하다. 인간은 유한하기 때문에 확실하게 지향할 목표가 없다. 인간이 자신에게서부터 시작한다면 충분한 보편자를 마련할 길이 없다. 사르트르(Jean-Paul Sartre, 1905-1980)는 이것을 아주 잘 깨달았다. 그는 무한한 준거점을 발견할 수 없었으므로 만사가 부조리하다는 결론에 이르게 되었던 것이다.

둘째는 기독교의 개념이다. 기독교에서는 인간이 하나님의 형상대로 창조되었기 때문에 자신(무한한 것이 아니라 인격적인 자신)에게서부터 출발할 수 있다고 말한다. 또 하나님이 타락한 인간에게 절실하게 필요한 많은 지식을 주셨다고 말한다.

인간이 타락했다 해서 하나님의 형상을 잃은 것은 아니다. 인간이 비록 타락했어도 인간임에는 변함이 없다. 타락했으나 사랑할 수 있다. 기독교인만 사랑할 수 있다고 말한다면 그것은 잘못이다. 나아가 기독교인이 아닌 화가도 아름다움을 표현할 수 있다. 이와 같이 사랑하고 아름다움을 표현하는 것 자체가 인간이 하나님의 형상을 지니고 있다는 것을 실증하는 행위이다. 다시 말하면 인간만이 가지는 '인간 됨'(mannishness)을 드러내는 것은 그 이유에서이다.

그러므로 비록 인간이 타락한 결과 비뚤어지고 부패하고 버림받았다 해도 아직도 인간임에는 틀림없다. 그는 기계가 된 것도 아니요 동물이나 식물이 된 것도 아니다. 인간은 아직도 '인간 됨'을 지니고 있다. 사랑, 합리성, 의미에 대한 욕망, 비존재에 대한 공포 등등이 인간에게 있는 것이다. 비기독교적인 사고에서 이와 같은 것들이 존재하지 않는다고 해도 이것은 사실이다. 이러한 것들이 인간을 동물과 식물, 혹은 기계와 구별 짓는 요소들이다.

한편 자율적으로 자신에게서만 시작한다면, 인간은 유한하기 때문에 절대적인 해결점에 도달할 수 없는 것은 명약관화하다. 인간이 유한하다는 사실에 근거한다면 그럴 수밖에 없다.

그러나 타락 이후 인간이 반역한 사실을 이에 첨가하지 않을 수 없다. 인간은 존재하는 것의 증거, 곧 외부 우주와 그 형식 그리고 인간의 '인간 됨'을 거역하고 왜곡시킨다.

필요한 지식의 원천

성경은 스스로 성경이 무엇인가를 설명한다. 성경은 하나님의 형상대로 지음받은 인간에게 하나님이 문자를 빌려 전달하는 절대적인 진리라고 스스로 말한다. 닫힌 체계 안에서의 자연 원인의 제일성을 전제로 하는 오늘날의 세속적 혹은 비성경적 신학 사고로는 이것이 있을 수 없다.

그러나 성경은 명백히 말한다. 시내산에서 일어난 일을 예로 들 수도 있다(신 5:23-24). 모세가 백성들에게 "너희가 보고 들었다."라고 말한다. 백성들이 들은 것이란 특정한 역사적 시공간의 상황 속에서 하나님이 인간에게 주신 '언어로 표현된 명제적 말씀'(verbalized propositional communication)이다.

그것은 어떤 내용 없는 실존적 체험도 아니요 반지성적 도약도 아니었다. 신약에도 꼭 이와 같은 말씀 전달이 있음을 볼 수 있는데, 예를 들면 그리스도께서 다메섹 도상에서 바울에게 히브리어로 말씀하신 경우이다. 따라서 우리는 한편으로는 성경을 통해 하나님이 주시는 명제적 말씀을 가지고 있으며, 또 한편으로는 이 명제적 말씀이 누구에게 주어지는가를 알 수 있다.

성경은 인간이 비록 절망적으로 버림받은 자가 되었으나 무가치한 존재가 아니라고 가르친다. 인간은 실제로 도덕적 죄책으로 인해 그의 참된 준거점인 하나님을 떠나 길을 잃어버렸다. 그러나 인간은 미래에도 무가치한 존재가 되지 않는다. 그러므로 버림받은 공포를 버리지 못한다. 인간이 버림받았다는 것은 그가 비록 존엄성을 지니고 있다고 해도 비극이 아닐 수 없다.

우리는 인간의 업적을 과소평가해서는 안 된다. 예를 들어 인간의 과학적 업적은, 비록 종국에 가서는 버림받은 인간임을 왕왕 폭로해 주기는 하지만, 인간이 쓰레기가 아님을 보여 준다. 우리 선조들은 비록 인간

『사도 바울의 회심』, 바르톨로메 에스테반 무리요 作. "성경은 스스로 성경이 무엇인가를 설명한다. 성경은 하나님의 형상대로 지음받은 인간에게 하나님이 문자를 빌려 전달하는 절대적인 진리라고 스스로 말한다. 닫힌 체계 안에서의 자연 원인의 제일성을 전제로 하는 오늘날의 세속적 혹은 비성경적 신학 사고로는 이것이 있을 수 없다. 그러나 성경은 명백히 말한다. 모세가 시내산에서 백성들에게 '너희가 보고 들었다.'라고 말한다(신 5:23–24). 백성들이 들은 것이란 특정한 역사적 시공간의 상황 속에서 하나님이 인간에게 주신 '언어로 표현된 명제적 말씀'이다. 그것은 어떤 내용 없는 실존적 체험도 아니요 반지성적 도약도 아니었다. 신약에도 이와 같은 말씀 전달이 있음을 볼 수 있는데, 예를 들면 그리스도께서 다메섹 도상에서 바울에게 히브리어로 말씀하신 경우이다."

이 버림받은 것으로 믿었으나 인간의 의의에 대해서는 조금도 의심하지 않았다. 인간은 자신과 다른 사람의 영원성을 포함하여 역사에 영향을 끼친다. 이러한 견해는 인간을 인간으로서 경이에 찬 존재로 본다.

이와 반대로 합리주의자는 자신을 우주의 중앙에 두고 자신이 모은 지식에서 자율적으로 시작하다가 결국은 자신이 무의미함을 발견한다. 현대인의 견해를 아주 정확하게 표현하는 선불교(禪佛敎)에서도 마찬가지로 말한다. "인간이 물 속에 들어가도 잔물결을 일으키지 않는다"(入水不立波).

성경은 인간이 영영 그칠 줄 모르는 잔물결을 일으킨다고 말한다. 인간은 죄인이기 때문에 자기의 의를 실현하는 데 완전하지 못하므로 역사에 좋은 흔적과 함께 나쁜 자취를 남긴다. 그러나 결코 인간이 무(無)는 아니다.

기독교의 교리는 논의될 수 있는 일단의 사상으로 구성되어 있는 체계이다. '체계'(system)라고 해서 스콜라 철학적인 추상론을 의미하지 않는다. 성경은 실제와 무관한 사상을 말하지 않는다. 성경의 체계는 시작이 있으며 이 시작과 모순되지 않게 전개된다. 이 시작은 만물의 창조자이신 무한하고 인격적인 하나님이시다. 기독교는 전혀 검증할 수 없는 '어둠 속에서의 도약'에 근거하는, 전달 불가능한 모호한 체험이 아니다. 회심(기독교인으로서의 삶의 시작)도 영성(성장)도 결코 도약이 아니다. 이 두 경험 모두 살아 계신 하나님과 그분이 우리에게 주신 지식과 연관되어 있으며 인간의 전인격을 포함한다.

어둠 속에서 도약하는 정신

현대인은 진리에 대한 새로운 자세를 받아들임으로써 현재의 위치에 이르게 되었다. 이것은 다른 어느 분야에서보다도 현대 신학에서 가장 현저하게 또한 비극적으로 나타나고 있다.

진리에 대한 이 새로운 자세를 고찰하기 위해 우선 진리에 대한 두 가지 다른 개념을 상고하기로 하자. 그리스인의 진리 개념과 유대인의 진리 개념을 살펴보자.

그리스인들의 진리 개념은 모든 점에서 조화를 이루는, 멋있게 균형 잡힌 하나의 형이상학적 체계이다. 그러나 유대인과 성경의 진리 개념은 전혀 다르다. 그것은 그리스인들이 가지고 있던 이성적 개념이 유대인들에게는 중요하지 않다는 점에서가 아니라 유대인들에게는 더 확고한 것이 필요했다는 점에서이다. 왜냐하면 구약과 신약이 모두 합리적으로 논의할 수 있는 개념을 바탕으로 기능하고 있기 때문이다. 더 확고한 근거란 실제 역사, 즉 기록에 남길 수 있고 역사로서 논의할 수 있는 공간과 시간 속에서 일어난 역사적 사건이다.

현대인의 진리관은 이 그리스인의 견해와 유대인의 견해의 기로에 서 있다. 그러나 현재 잘못된 길로 가고 있다. 현대적 사고방식을 가지고 있는 사람들은 그리스인을 합리적 진리를 가진 사람으로, 유대인을 실존주의자로 생각하는 것이 보통이다. 이리하여 그들은 성경을 자기들 나름대로 해석하려고 한다. 물론 이러한 견해는 기특하긴 하나 전적으로 잘못이다. 유대인의 사상은 시공간의 역사에 근거하는 것이지 균형 잡힌 체계에 근거하지 않는다는 점에서 그리스인의 사상과 다르다. 그러나 유대적이며 성경적인 진리관은 인간의 '인간 됨'의 한 부분, 즉 반정립을 이용하여 이성적으로 사고하고 논의할 수 있다는 합리성에 대한 욕망을 부정하지 않았다는 의미에서 현대인의 사상보다는 그리스인의 사상에 더 가깝다.

변하는 세계 속에 있는 불변의 것

오늘날 복음을 전하려고 할 때, 곧 우리 자신에게나 다른 기독교인에게 또는 전혀 믿지 않는 사람들에게 복음을 전달할 때, 우리가 잘 알아야 할 것이 두 가지 있다.

첫째는 참되고 불변하는 사실들이 있다는 점이다. 이것들은 급격히 변하는 사조(思潮)와는 아무런 관계가 없다. 이것이야말로 기독교의 본질을 드러내는 것으로, 이것이 변하면 기독교는 다른 것이 된다. 이 점을 여기서 특히 강조하는 이유는 오늘날 복음주의적인 기독교인들 가운데 의사전달의 결여를 절실히 느낀 나머지, 현대인과의 간격을 메우기 위해 불변하는 것을 그대로 두어야 함에도 불구하고 이를 변경시키는 경향이 있기 때문이다. 만일 우리가 이렇게 한다면 우리는 기독교를 진하는 것이 아니며, 또한 우리는 주위에 있는 여러 다른 사상가들과 아무런 차이가 없는 것이다.

그러나 여기서 멈춘다면, 온전한 모습을 제시할 수 없다. 우리는 급속히 변하는 역사적 상황에 직면하고 있음을 인식해야 하고, 또 사람들에게 복음을 전하려면 현재 사상의 조류가 어떻게 흐르고 있는지를 알 필요가 있다. 그렇지 않으면 불변하는 기독교 원리를 말해 보아도 소 귀에 경 읽기가 되고 말 것이다. 그리고 지성인들과 노동자들에게 복음을 전하려면, 다시 말해 우리 중산층 교회 양편에 있는 사회 계층에게 복음을 전하려면, 심혈을 기울여 변하는 역사적 상황 속에 있는 그들에게 어떤 모양으로 영원한 복음을 전할 것인가를 연구할 필요가 있다.

다만 중산층에게는 늘 쓰는 말로 복음을 전하는 것이 훨씬 좋을 것이다. 그러나 만일 허드슨 테일러(Hudson Taylor, 1832-1905)가 중국에 선교사들을 파송하면서 중국에서 쓰는 세 방언 중 하나만을 배우도록 조언했다면 잘못이 아니겠는가? 그렇게 한다면 셋 중 한 무리만 복음을 듣게 된다. 허드슨 테일러가 그와 같이 고루한 사람이 아니었음을 우리는 가히 상상할 수 있다. 물론 그는 사람들의 마음속에 성령의 역사가 없으면 그들이 믿지 않을 것을 알았다. 그러기에 그의 생애는 이 역사가 일어나도록 간구하는 기도의 생애였다. 그러나 그는 또한 복음을 들어야 믿을 수 있음을 알았다. 교회는 그 시대와 장소의 언어와 사고방식을 고려하여 알아들을 수 있는 말로 복음을 전할 책임이 있다.

마찬가지로 우리가 의도적으로 한 방언만을 말하는 선교사처럼 된다면 우리는 우리 세대에 대해 불공평하고 이기적이라고 하지 않을 수 없다. 다른 사람은 그만두고라도, 우리 자녀들과도 말이 통하지 않는 이유는 그들의 사고방식이 우리의 사고방식과 얼마나 다른가를 알아보려고 노력하지 않기 때문이다. 독서와 교육 그리고 대중 매체를 통하여, 오늘날의 중산층 자녀들도 완전히 20세기적 사고방식을 가지게 되었다. 많은 영역에서, 기독교인 부모들과 목사들과 교사들은 교회 안에 있는 많은 자녀들과 교회 밖에 있는 대다수의 청소년들이 마치 외국어를 말하고 있는 것처럼 그들과 전혀 대화하지 못하고 있다.

그러므로 이 책에 있는 것은 단지 지적으로 논의할 문제만은 아니다. 교육받은 사람만 관심을 둘 것도 아니다. 이것은 20세기에 복음을 전하는 일에 진지한 관심을 가진 사람들에게 절대로 필요한 것이다.

사명선언문

너희가 흠이 없고 순전하여……세상에서 그들 가운데 빛들로
나타내며 생명의 말씀을 밝혀 _ 빌 2:15-16

1. 생명을 담겠습니다
만드는 책에 주님 주신 생명을 담겠습니다.
그 책으로 복음을 선포하겠습니다.

2. 말씀을 밝히겠습니다
생명의 근본은 말씀입니다.
말씀을 밝혀 성도와 교회의 성장을 돕겠습니다.

3. 빛이 되겠습니다
시대와 영혼의 어두움을 밝혀 주님 앞으로 이끄는
빛이 되는 책을 만들겠습니다.

4. 순전히 행하겠습니다
책을 만들고 전하는 일과 경영하는 일에 부끄러움이 없는
정직함으로 행하겠습니다.

5. 끝까지 전파하겠습니다
모든 사람에게, 땅 끝까지, 주님 오시는 그날까지
복음을 전하는 사명을 다하겠습니다.

서점 안내

광화문점 서울시 종로구 새문안로 69 구세군회관 1층
02)737-2288 / 02)737-4623(F)

강남점 서울시 서초구 신반포로 177 반포쇼핑타운 3동 2층
02)595-1211 / 02)595-3549(F)

구로점 서울시 동작구 시흥대로 602, 3층 302호
02)858-8744 / 02)838-0653(F)

노원점 서울시 노원구 동일로 1366 삼봉빌딩 지하 1층
02)938-7979 / 02)3391-6169(F)

일산점 경기도 고양시 일산서구 중앙로 1391 레이크타운 지하 1층
031)916-8787 / 031)916-8788(F)

의정부점 경기도 의정부시 청사로47번길 12 성산타워 3층
031)845-0600 / 031)852-6930(F)

인터넷서점 www.lifebook.co.kr